매일매일 조금씩 뜨는
아무히비 니트 북

amuhibi

KNIT BOOK

우메모토 미키코 지음
김한나 옮김
김수산나 감수

아무히비amuhibi는 오래된 주택지 한구석에 자리한 작은 단독주택입니다.
1층은 수입 털실을 취급하는 매장이고
2층에는 뜨개 교실 외에 다양한 워크숍을 하는 공간이 있습니다.
커다란 벽에는 화가 야마구치 이치로 씨가 하늘을 날아가는 새 일곱 마리를
그려주셨습니다.
제가 임시 보호하다 인연을 맺은 고양이 두 마리도 이곳에 함께 살고 있습니다.

고양이를 무릎 위에 올려놓고 뜨개질하는 고객도 많은데
그 다정하고 평화로우며 훈훈한 광경을 보고 있으면
이 장소를 마련하기를 잘했다는 생각이 들어서
고마움으로 마음이 벅차오릅니다.

1층은 매장 공간입니다.
포르투갈, 페루, 덴마크, 독일, 영국, 스페인, 아이슬란드…
전 세계에서 엄선한 털실을 모아놓았습니다.
색과 품질뿐만 아니라 뮬싱을 하지 않는지, 환경을 생각하는지도
선택할 때 살피는 조건입니다.

매장이 있는 '롯폰마쓰'는 후쿠오카 시내 중심에서 자동차로 10분쯤 걸리며
페이페이돔이나 후쿠오카시 미술관, 오호리 공원과도 가깝습니다.
뜨개 교실에서 배울 때 사용하는 재료는 풍부하게 갖춰놓은 상품 중에서
마음껏 고를 수 있습니다.

amuhibi KNIT BOOK 3

아무히비 니트 북
amuhibi KNIT BOOK
CONTENTS

KNIT_01
크로스 CROSS
P6

KNIT_02
다이아몬드 요크 DIAMOND YOKE
P8

KNIT_03
엠비 스웨터 EMBI SWEATER
P10

KNIT_07
후디드 롱 카디건
HOODED LONG CARDIGAN
P20

KNIT_08
다이아몬드 베스트 DIAMOND VEST
P22

KNIT_09
케이블 & 카노코 CABLE & KANOKO
P24

KNIT_13
아란 삭스 ARAN SOCKS
P32

KNIT_14
아란 비니 ARAN BEANIE
P34

KNIT_15
로피 보닛 LOPI'S BONNET
P36

ABOUT amuhibi 아무히비에 대하여 …2	POINT PROCESS 포인트 프로세스 …40
amuhibi NOTE_01 바늘과 실에 대하여 …16	ABOUT YARN 이 책에서 사용한 실 …46
amuhibi NOTE_02 삭스얀에 대한 여러 가지 …33	ABOUT CHECK SHEET 체크 시트에 대하여 …50
amuhibi NOTE_03 자투리 실 활용법 / 마무리와 관리 …48	HOW TO KNIT 작품을 뜨는 방법 …57
amuhibi Q&A 궁금증 해결 …53	BASIC TECHNIQUE GUIDE 뜨개의 기초 …98

KNIT_04
아란 & 허니콤 브리오슈
ARAN & HONEYCOMB BRIOCHE
P12

KNIT_05
그랜파 재킷 GRANDPA'S JACKET
P14

KNIT_06
레드 카디건 RED CARDIGAN
P18

KNIT_10
오픈 사이드 베스트
OPEN SIDE VEST
P26

KNIT_11
티렉스 스웨터 T-REX SWEATER
P28

KNIT_12
핸드웜 풀오버
HANDWARM PULLOVER
P30

KNIT_16
체크무늬 모헤어 삭스
CHECKED MOHAIR SOCKS
P37

KNIT_17
포레스트 & 피스 삭스
FOREST & PEACE SOCKS
P38

* 이 책에 실린 작품을 복제해서 판매하는 행위는 금지되어 있습니다.
홈메이드를 즐기는 목적으로만 이용하기 바랍니다.

KNIT_01
크로스 CROSS
YARN: 퍼피 브리티시 파인
SEE / PAGE_58

배색무늬뜨기로 전체에 무늬를 넣은 스웨터라고 하면 어려워 보여서 선뜻 손이 가지 않을 수 있는데, 규칙성이 있는 무늬여서 까다롭지 않으니 꼭 한 번 리듬을 타며 즐겁게 떠보기 바랍니다. 원통으로 뜨기 때문에 꿰매 잇기 기법은 필요하지 않아요. 폭이 넓은 몸판과 래글런 소매 덕분에 입었을 때 품이 넉넉하지만 빡빡하게 떠서 깔끔해 보이는 네크라인이 적당히 단정한 느낌을 주는 것도 좋습니다. 몸판의 길이는 2종류입니다.

KNIT_02

다이아몬드 요크
DIAMOND YOKE

YARN: 레트로사리아 로사 포마르 브루스카

SEE / PAGE_64

기본적인 다이아몬드무늬를 인상적으로 변신시키고 싶어서 요크 라인을 내리고 부피감을 더해 그래픽 느낌의 그림자 모양을 연출했습니다. 심플한 무늬이기에 색을 고를 때 좀 더 신경을 쓰고 싶었어요. 그래서 레트로사리아 로사 포마르의 브루스카를 선택했습니다. 빈티지한 느낌을 주는 깊이 있는 색이 매력적이랍니다. 가벼워서 착용감도 뛰어납니다.

KNIT_03

엠비 스웨터
EMBI SWEATER

YARN: 이사게르 하이랜드 울, 트비니
SEE / PAGE_61

뒤판을 연미복처럼 만든 이유는 원피스 위에 겹쳐 입었을 때 주름이 풍성해 보이면 좋을 것 같아서예요. 허리보다 조금 위쪽에 슬릿이 있어서 다리가 길어 보이는 효과도 있습니다. 바지를 입었을 때의 스타일도 당연히 근사하답니다. 지정한 실은 이사게르 얀이에요. 멜란지 실을 안메리야스뜨기로 뜨면 그러데이션된 색이 한층 더 부드러운 인상을 줍니다.

KNIT_04

아란 & 허니콤 브리오슈
ARAN & HONEYCOMB BRIOCHE

YARN: 퍼피 브리티시 에로이카

SEE / PAGE_66

산뜻해서 사람들의 시선을 끌 수 있는 아란무늬 스웨터를 뜨고 싶었습니다. 가재의 집게발, 더블 케이블, 모스 등 여러 가지 케이블 무늬를 나열해 부피감이 느껴지는 스웨터입니다. 몸판 양쪽 가장자리의 벌집무늬 브리오슈 스티치가 마치 와이셔츠 밑단처럼 자연스럽게 곡선을 만들어주는 부분이 포인트예요. 선명한 튀르쿠아즈 블루 색상을 사용해 발랄한 느낌으로 입어보세요.

메리야스뜨기와 멍석뜨기로 만드는 줄무늬가 인상적인 디자인입니다. 설날마다 방문했던 친가에서 할아버지가 자주 입으시던 숄칼라 점퍼, 어릴 적 옷을 얇게 입고 놀던 저를 걱정하며 걸쳐주시던 점퍼의 숄칼라에서 전해진 온기를 지금도 기억하고 있습니다. 이중으로 뜨고 휘갑치기로 연결해서 손이 많이 가기는 하지만 열심히 뜨길 잘했다는 생각이 들 정도로 확실히 따뜻할 거예요.

KNIT_05
그랜파 재킷 GRANDPA'S JACKET
YARN: 이사게르 에코 소프트(P.14), 하마나카 소노모노 알파카 울(P.15) SEE / PAGE_72

amuhibi NOTE_01

올해는 꼭 배색무늬뜨기 기법을 터득하고 싶다! 필수 공략법 4가지

크로스(P.6)는 전체 면이 배색무늬뜨기라서 뜨기가 어려워 보이지만 규칙성이 있는 무늬라서 요령만 파악하면 리듬을 타며 즐겁게 뜰 수 있을 거예요. 배색무늬를 예쁘게 마무리하는 요령을 알려드리니 꼭 도전해보시기 바랍니다.

배색무늬뜨기 첫 번째 공략법은 '손가락에 거는 실의 위치 결정하기'입니다. 배색실(무늬를 만드는 실)은 마주 보고 왼쪽, 바탕실(토대가 되는 색의 실)은 오른쪽에 걸어보세요. 이렇게 하면 바탕실이 위쪽, 배색실이 아래쪽이 되어 무늬가 선명하게 나타나서 예쁘게 완성되며 실끼리 엉키지 않아서 뜨기 쉬워집니다.

두 번째 공략법은 '걸친 실에 적당히 여유 주기'입니다. 안쪽의 걸친 실이 짧으면 당겨져서 가로 방향으로 오그라듭니다. 뜰 때 바늘에 걸린 코와 코 사이에 간격을 두고 조금 넓히는 느낌으로 뜨면 적당한 여유를 만들 수 있습니다.

세 번째 공략법은 '뜨개바탕과 실의 거리를 늘 일정하게 유지하기'입니다. 미국식으로 오른손의 실 2가닥을 매 코를 뜰 때마다 다시 걸어가며 뜨는 방법을 추천합니다. 이 방법이 가장 안정적으로 뜰 수 있어요. 배색무늬를 뜰 때만 미국식으로 뜨는 사람도 많으므로 연습해볼 가치가 있습니다. 프랑스식으로 뜰 경우에는 실 2가닥을 검지에 걸기 전에 실 사이로 위쪽에서 중지를 넣으면 실이 서로 달라붙지 않고 각각 안정적이게 되니 도전해 보세요.

마지막 공략법은 '블로킹(P.49 참조) 필수!'입니다. 조금 실망스러운 뜨개바탕도 의외로 예쁘게 모양이 갖춰지므로 배색무늬뜨기 작품은 반드시 블로킹해서 완성하세요. 파이팅!

미국식

프랑스식

교체형 줄바늘을 강력 추천하는 이유

손뜨개를 처음 시작하는 고객이 도구에 관해 상담할 때가 있는데 뜨개바늘의 경우 일반적인 대바늘이 아니라 교체형 줄바늘을 추천합니다.

줄바늘은 목도리나 스웨터 같은 평평한 작품이나 둥근 요크 스웨터나 모자 등 원통으로 뜨는 작품도 다 뜰 수 있기 때문에 경제적입니다. 긴 대바늘은 뜨개바탕의 무게가 바늘에 전부 실리지만 줄바늘은 대부분의 뜨개바탕이 코드 부분에 걸리기 때문에 어깨나 팔에 부담이 덜해서 편하게 뜰 수 있는 점도 추천하는 포인트입니다.

교체형 줄바늘은 코드와 바늘이 따로 있어서 필요한 굵기의 바늘과 적절한 길이의 코드를 조합해 사용할 수 있습니다. 그래서 도구가 간소해지며, 특히 코를 쉬게 할 때 그 편리함을 실감할 수 있습니다. 일반적으로는 코를 면사와 같은 별도의 실이나 올 풀림을 방지하는 큼직한 안전핀에 옮겨놓았다가 뜰 때 대바늘로 다시 옮겨야 하지만, 교체형 줄바늘은 바늘 부분을 빼서 코가 빠지지 않게 스토퍼를 달아놓기만 하면 되기 때문에 매우 편합니다.

케이스가 포함된 세트는 가격이 조금 비싸지만 처음에 사놓으면 게이지에 따라 바늘 호수를 조정할 수 있어서 편리합니다. 따라서 마음에 드는 줄바늘을 발견하면 세트로 구매하는 것을 검토해보세요. 기분도 좋아지므로 뜨개질을 하고 싶은 열정이 더욱 커져서 실력이 빨리 늘 수도 있어요.

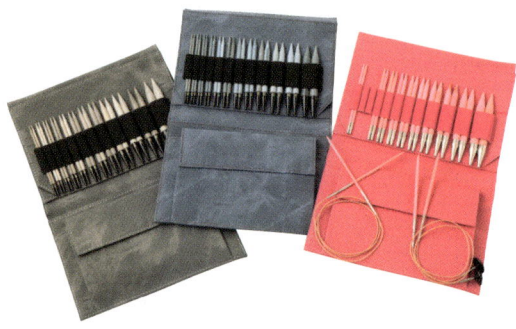

아름답게 뜨는 요령을 터득하자

케이블뜨기란 코를 교차시켜서 무늬를 만드는 것을 말합니다. 아란무늬뜨기, 꽈배기무늬뜨기, 교차뜨기라고 부르기도 해요. 이 책에서는 옷과 소품을 합해서 다섯 작품에 케이블뜨기를 사용했습니다.

케이블 부분은 겉뜨기로 만드는 것이 기본이며, 케이블 무늬가 선명하게 보이도록 양옆은 안뜨기를 배치하는 경우가 많습니다. 하지만 케이블 무늬는 옆으로 잡아당기는 힘이 작용하기 때문에 양옆의 안뜨기코가 옆으로 늘어나거나 케이블 무늬의 겉뜨기코가 함께 느슨해질 수 있습니다. 프랑스식으로 뜨면 그런 경향이 두드러져요. 약간의 아이디어를 더하면 예쁘게 완성되므로 안뜨기하는 방법을 다음과 같이 조금 신경 써보세요.

즉 안뜨기할 때 '오른쪽 바늘에 실을 거는 동작'과 '실을 건 상태에서 바늘을 뒤쪽으로 밀면서 코 안으로 빼는 동작'을 확실하게 나눠서 뜨는 것입니다. 실을 걸 때는 실을 세로 방향으로 확실히 깊게 눌러 내려 걸어줍니다.

안뜨기코가 느슨해지는 것은 실을 건 후 빼는 각도가 얕은 것이 주요 원인이므로, 동작을 나누면 확실히 깊은 각도로 안뜨기를 뜰 수 있습니다. 메리야스뜨기의 코가 가지런하지 않아서 고민인 분도, 이 방법으로 뜨면 거의 해결할 수 있을 거예요.

또 하나 중요한 것은, 케이블 부분은 확실하게 교차시키는 것입니다. 꽈배기바늘에 코를 옮겨 쉽게 하고 다음 코를 먼저 뜰 때는 코와 코 사이에 틈이 생기지 않게 간격을 좁혀서 뜨세요. 이 두 가지 포인트로 여러분의 케이블뜨기는 몰라볼 정도로 아름다워질 것입니다.

실을 바꿔서 각각의 질감 차이를 즐기자

이 책의 작품에서 사용한 실을 구하기 어려운 경우 대체 가능한 실을 제안했습니다.

뜨고 싶은 작품에서 사용한 실을 구할 수 없을 때 직접 게이지가 맞는 다른 실을 찾아서 뜬다는 것은 손뜨개를 즐기는 분이라면 대부분이 경험한 적이 있을 텐데, 게이지만 맞으면 똑같이 뜰 수 있지 않을까 싶지만 절대로 그렇지 않습니다. 똑같은 인상을 주는 작품을 뜨고 싶은지, 아니면 질감을 바꿔도 되는지를 먼저 정하세요. 털실을 선택하기 수월해질 겁니다.

P.24에 수록한 '케이블 & 카노코'에서는 로완의 브러시드 플리스를 대체하는 실로 하마나카의 아메리 엘 극태사를 사용했습니다. 이 두 실은 성질이 전혀 다르지만, 이왕이면 다른 분위기로 디자인을 즐기길 바라는 마음에 선택했습니다. 아메리 엘 극태사는 메리노 울과 아크릴 혼방사인데 메리노는 털이 긴 양이라서 털실도 부드럽습니다. 폭신폭신한 브러시드 플리스 실과 비교하면 케이블 무늬도 단정해 보이는 인상을 주며 뜨개바탕도 부드러워서 몸을 따라 흐르는 실루엣을 연출합니다. 하지만 무게가 있으니 늘어나지 않게 보관에 주의하세요.

브러시드 플리스처럼 폭신폭신한 인상을 남기고 싶다면 팬시얀과 방모사를 1가닥씩 겹쳐서 게이지가 맞는 조합을 찾아보기 바랍니다. 실 2가닥을 겹치는 방법은 게이지를 맞추기에 매우 효과적이랍니다.

P.8의 '다이아몬드 요크'와 P.28의 '티렉스 스웨터'의 대체 실은 배색도 바꿔서 제안했습니다.

빨간 카디건을 갖고 있으면 스타일링하기가 매우 편리합니다. 청바지에 티셔츠처럼 매우 평범한 차림에 이 카디건을 걸치기만 해도 왠지 세련돼 보이거든요. 옆면이 곡선인데다 뭐든지 들어갈 것만 같은 큼직한 주머니가 달려 있어서 어떤 옷에나 다 잘 어울립니다. 이건 뜰 수밖에 없겠네요.

KNIT_06
레드 카디건
RED CARDIGAN
YARN: 퍼피 셰틀랜드
SEE / PAGE_69

KNIT_07

후디드 롱 카디건
HOODED LONG CARDIGAN

YARN: 이사게르 보물린,
로완 키드실크 헤이즈
SEE / PAGE_76

울보다 무게가 있는 리넨이기에 연출할 수 있는 아래로 떨어지는 느낌과 모헤어의 광택, 이 조합으로만 만들어낼 수 있는 아름다운 드레이프가 매력적인 롱 카디건입니다. 후드가 달린 디자인이지만 실의 질감 덕택에 차분해 보이며 지나치게 캐주얼하지 않아서 세련된 옷차림을 즐길 수 있어요. 가을에는 티셔츠, 겨울에는 터틀넥 스웨터에 맞춰서 오랫동안 즐겨 입을 수 있습니다.

KNIT_08

다이아몬드 베스트
DIAMOND VEST

YARN: 모미노키 얀 저먼 메리노 라이트
SEE / PAGE_78

SHARE WITH US!

돌려뜨기(꼬아뜨기)로 이어지는 작은 다이아몬드무늬, 멍석뜨기로 만든 알맹이들이 귀여운 인상을 더해줍니다. 일반적인 브이넥으로 만들면 재미가 없어서 네크라인은 작은 단추가 한 줄로 이어지는 완만한 곡선으로 연출했습니다. 독일의 손염색 실 모미노키 얀의 저먼 메리노 라이트를 사용했어요. 무늬가 뚜렷하게 나타나며 겨자색이 도는 노란색도 이 디자인에 딱 어울립니다. 격식을 갖춘 드레스 업이든 편안한 드레스 다운이든 모두 맡겨주세요.

KNIT_09

케이블 & 카노코
CABLE & KANOKO

YARN: 로완 브러시드 플리스(P.24),
하마나카 아메리 엘 극태사(P.25)
SEE / PAGE_60

빙글빙글 나선을 그리는 케이블 무늬가 발랄한 인상을 주는 스웨터입니다. 옆면에 배치한 멍석뜨기 무늬는 팔 안쪽을 얇게 뜰 수 있어서 착용감을 좋게 하는 역할도 합니다. 로완의 브러시드 플리스는 알파카와 울의 혼방이라서 깜짝 놀랄 정도로 가벼운 것이 가장 큰 매력이랍니다. 겨자색은 하마나카 아메리 엘 극태사입니다. 부드럽고 탄력이 있어서 매우 뜨기 쉬운 실이에요.

KNIT_10

오픈 사이드 베스트
OPEN SIDE VEST

YARN: 나이토쇼지 라자

SEE / PAGE_86

옆면을 끈으로 묶는 조끼입니다. 원피스뿐만 아니라 오버사이즈 플란넬 셔츠에 청바지처럼 투박한 스타일에도 잘 어울립니다. 어깨를 싹 감싸는 오버사이즈 디자인이지만 브이넥이 깊숙하고 뒤판이 더 긴 스타일이라서 몸집이 작은 분도 조화롭고 멋지게 입을 수 있을 거예요. 사용한 실인 라자는 매우 가벼워서 입었을 때 전혀 부담스럽지 않습니다.

KNIT_11

티렉스 스웨터
T-REX SWEATER

YARN: 제이미슨스 셰틀랜드 스핀드리프트

SEE / PAGE_83

성인 여성이 공룡 무늬가 들어간 스웨터를 입으면 분명히 유머러스하면서도 멋져 보일 것 같아서 디자인했습니다. 시크한 느낌으로 배색해서 선뜻 입을 수 있도록 뜨개바탕을 얇게 완성하면 정장 스타일로도 캐주얼 스타일로도 입을 수 있어요. 흥미진진해 보이는 공룡이 귀여워서 입으면 왠지 기분이 좋아질 것만 같은 스웨터입니다.

보들보들하고 광택이 있는 '모나르카'와 폭신폭신한 털이 포근한 '펠리지'. 질감이 다른 털실 2종류로 뜨는 풀오버입니다. 소맷단에는 엄지를 끼울 수 있는 구멍이 뚫려 있어서 암워머처럼 사용할 수도 있어요. 털이 긴 펠리지는 앞판에만 사용합니다. 뒤판은 모나르카를 사용해 뜨기 때문에 코트를 껴입어도 둔해 보이지 않고 깔끔하게 입을 수 있답니다.

KNIT_12

핸드웜 풀오버
HANDWARM PULLOVER

YARN: 퍼피 모나르카, 펠리지

SEE / PAGE_88

amuhibi NOTE_02

양말은 삭스얀으로만 떠야 하는가에 관한 문제

최근에 양말 뜨기를 즐기는 분들이 늘어나며 삭스얀 종류도 예전에 비해 훨씬 많아졌습니다. 삭스얀이란 이름 그대로 양말을 뜨기 위한 실입니다. 무엇보다 양말에 필요한 것은 내구성입니다. 울실에 강도를 더하기 위해서 대부분의 삭스얀에는 폴리아미드(나일론) 등의 화학섬유가 25% 정도 포함되어 있습니다. 제조사의 환경에 대한 생각에 따라 흙으로 돌아가는 친환경 타입 폴리아미드를 배합한 실이나 폴리아미드 대신 실을 세게 꼬아서 강도를 높인 실, 실크를 배합한 실 등 삭스얀도 다양합니다. 폴리아미드가 들어간 경우 탄력이 있는 것도 삭스얀의 특징 중 하나입니다.

그럼 양말을 뜰 때 반드시 삭스얀으로 떠야 할까요? 저는 그렇게 생각하지 않습니다. 삭스얀은 세탁에 강하고 구멍도 잘 나지 않아서 평소에 사용하기에 안심이지만, 좋아하는 털실을 골라서 양말을 떠보는 것도 즐거운 일이에요. 부드러운 알파카나 모헤어로 뜬 양말을 신고 추운 겨울날 방에서 뒹굴뒹굴할 때의 그 행복이란 말로 표현할 수 없어요! 발에서 서서히 전해지는 부드럽고 포근해서 기분 좋은 감촉을 꼭 체험해보기를 바라는 마음에서 이 책에 수록한 양말은 모두 일반적인 털실을 사용했습니다. 내구성은 삭스얀보다 떨어지므로 울 전용 세제를 사용해 손빨래하는 것을 추천합니다.

손뜨개 양말 세탁 방법

손뜨개를 직업으로 삼게 된 후 손뜨개를 좋아하는 분들과 대화를 나눌 기회가 늘었는데 "양말은 다 직접 떴다"라고 하는 분이 의외로 많았습니다. 그러면 그분들에게 '세탁 횟수'에 대해 반드시 물어봅니다. 시중에서 판매하는 화학섬유를 사용한 양말은 날마다 세탁기에 넣으면 되지만 손뜨개로 만든 양말은 손상될까 걱정되니까요. 제가 느낀 인상으로는 "신고 나면 세탁바구니에 넣었다가 일주일 치를 한꺼번에 세탁망에 넣어서 울 전용 세제를 사용해 세탁기로 빤다"는 분이 많았습니다. 이

세탁 방법은 삭스얀으로 뜬 양말이어야 하며 니트용 세제를 사용하는 것이 전제입니다. 너무 자주 빨지 않는 것이 중요하며, 신고 나면 하루 동안 옷걸이에 걸어서 습기를 제거해 하루 더 신고 나서 빤다는 분도 많았습니다. 손뜨개로 뜬 양말은 세탁을 거듭하는 동안 아무래도 조금 줄어드는데, 신지 못하게 되는 일은 없으니 안심하세요. 애용하는 만큼 점점 더 피부에 익숙해지고 착용감도 좋아져서 더욱 소중해질 거예요. 이런 점도 손뜨개의 기쁨이랍니다.

양말 뜨기에서 치수를 계산하는 방법

양말은 비교적 간단해서 자신의 발 크기에 맞는 단수를 계산해낼 수 있습니다. 발 둘레는 콧수 때문에 변경하기 어렵지만 발뒤꿈치가 딱 맞는 양말은 착용감도 훨씬 좋아지니 꼭 시도해보세요.
먼저 줄자를 바닥에 놓고 위에서 맨발로 밟아서 발끝부터 발뒤꿈치 가장자리까지 길이를 잽니다. 그 치수에 0.9를 곱한 숫자가 양말의 발끝부터 발뒤꿈치까지의 길이입니다. 만약 발바닥 길이가 21㎝라면 21×0.9=19㎝입니다.
그런 다음 게이지를 토대로 19㎝로 하려면 몇 단을 떠야 하는지 계산하세요. '아란 삭스'의 게이지는 메리야스뜨기로 36단에 10㎝이므로 19㎝를 뜨려면 36×1.9=68단이 됩니다. 거기에서 발끝의 단수와 발뒤꿈치의 단수를 뺀 분량을 원통뜨기로 뜨면 발에 딱 맞을 거예요.
이 계산은 대부분의 양말 뜨기에 공통으로 적용되므로 다양한 양말을 딱 맞는 치수로 꼭 떠보기 바랍니다!

KNIT_14
아란 비니 ARAN BEANIE

YARN: 랑 울애딕츠 파이어(P.34),
다루마 멜란지 슬러브(P.35)
SEE / PAGE_92

빨리 뜰 수 있고 그럭저럭 간단하지만 왠지 공들인 것처럼 보이기 때문에 "이거 내가 직접 뜬 거야"라고 하면 남들이 깜짝 놀랄 만한 작품을 찾는다면 이 모자에 도전하세요. 고무뜨기가 한 겹이라서 많이 뜨지 않아도 되는 점도 매력적이랍니다.

amuhibi KNIT BOOK

KNIT_15
로피 보닛 LOPI'S BONNET

YARN: 울드리머스 만체로피 SEE / PAGE_93

보닛은 귀를 감싸주어서 매우 따뜻한데다 모자에 달린 줄이 멋을 더해주기도 해서 꼭 도전해보기 바라는 아이템입니다. 사용한 실인 만체로피는 모섬유에 탄력이 충분히 있어서 전체에 무늬뜨기가 있어도 가볍게 완성됩니다. 감촉이 매끄러워서 뺨에 닿아도 기분이 좋아요. 추운 겨울날 외출할 때 빼놓을 수 없을지도 모른답니다.

KNIT_16

체크무늬 모헤어 삭스
CHECKED MOHAIR SOCKS

YARN: 퍼피 브리티시 파인,
로완 키드실크 헤이즈, 이사게르 실크 모헤어

SEE / PAGE_94

흰색과 검은색의 블록체크에 모헤어를 더해서 체크무늬를 살짝 그러데이션한 부드러운 인상의 룸삭스입니다. 빡빡하게 뜨면 신축성이 떨어지므로 게이지를 확인해가며 뜨세요. 울과 모헤어로 뜨는 양말인 만큼 울 전용 세제를 사용해 조물조물 손빨래하는 것을 추천합니다. 신었을 때의 느낌도 좋고 따뜻해요. 외출할 때는 발뒤꿈치 부분이 트여 있는 블로퍼를 선택하면 털실로 떠서 두께감이 있는 양말도 편하게 신을 수 있습니다.

KNIT_17

포레스트 & 피스 삭스
FOREST & PEACE SOCKS

YARN: 퍼피 브리티시 파인
SEE / PAGE_96

동물들과 숲속 나무와 꽃. 좋아하는 것을 늘어놓았더니 이렇게나 즐거운 양말이 완성되었습니다. 차콜과 실버그레이라는 시크한 색을 사용해서 귀여운 무늬가 점잖아 보입니다. 큼직하게 뜬 배색무늬는 잘 늘어나지 않는 터라 발바닥에는 가느다란 줄무늬를 넣어서 잘 늘어나게 고안했어요. 평화를 바라며 한쪽 발에 peace라는 글자를 넣었습니다.

POINT PROCESS-1

독일식 트위스트 코잡기 German Twisted Cast On

일반적인 손가락에 걸어서 만드는 시작코보다 신축성 있는 시작코입니다. 톱다운 방식으로 뜨는 목둘레단이나 밑단의 시작코에 사용하면 예쁘게 만들 수 있습니다.

오른쪽 대바늘을 움직이는 방법

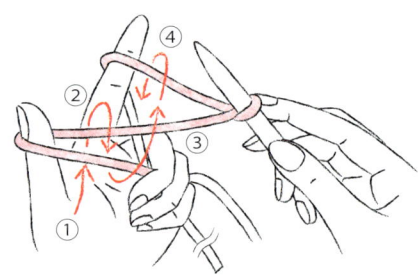

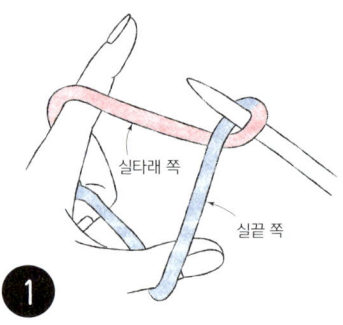

1 만들고 싶은 너비의 4.5배만큼 실끝을 남기고 실을 엄지와 검지에 걸어서 바늘 1개에 실을 돌려 감아 첫 번째 코를 만듭니다.

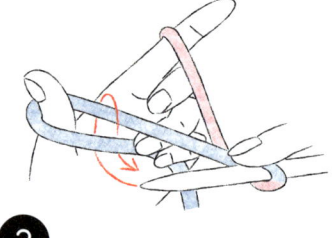

2 엄지에 걸려 있는 실 아래쪽에서 바늘을 통과시킨 후 뒤쪽의 실을 걸어 엄지의 고리 아래로 나옵니다.

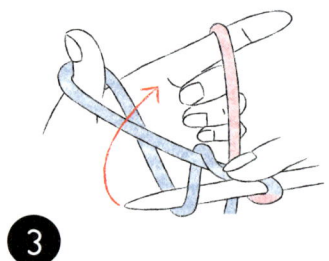

3 화살표와 같이 바늘을 움직여서

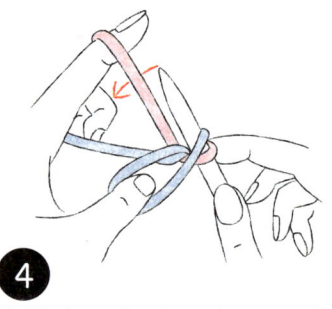

4 엄지를 안으로 접어 실이 꼬이지 않도록 잡아 줍니다. 검지에 걸려 있는 실에 바늘을 걸고

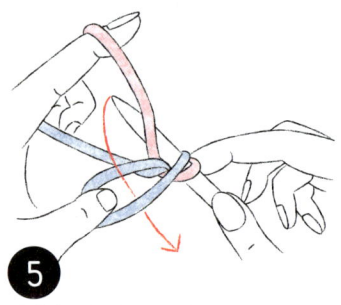

5 엄지의 고리 안으로 통과시킵니다.

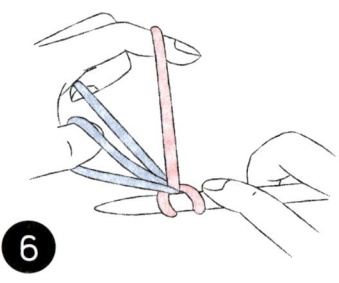

6 바늘을 일으켜 세워서

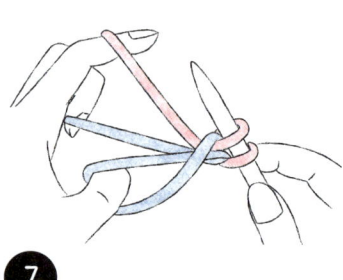

7 엄지를 뺍니다.

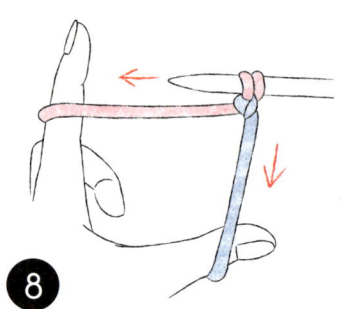

8 실을 당겨 조이면 두 번째 코가 완성됩니다.

9 이 과정을 반복해서 필요한 콧수를 만듭니다.

POINT PROCESS-2

주디스 매직 코잡기 Judy's Magic Cast On

동영상 보기
※일본어로 제작된 동영상이니 이 책의 번역을 참조해 가며 보세요

양말을 발끝부터 뜰 때 사용하는 매직 루프(P.55 참조)로 뜨기 위한 시작코입니다.
메리야스뜨기로 뜬 것처럼 이음매가 없는 시작코라서 신기 편하고 예쁜 발끝이 완성됩니다.

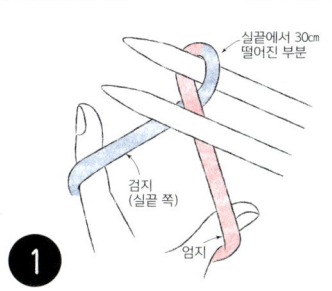

❶ 줄바늘의 바늘 2개를 가지런히 잡고 실끝에서 30㎝ 정도 떨어진 부분을 실끝이 앞쪽으로 오게 위쪽 바늘에 걸고 교차시킨 후 엄지와 검지에 겁니다.

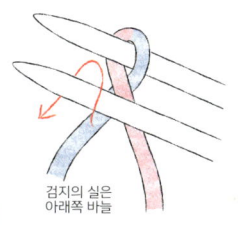

❷ 검지의 실을 아래쪽 바늘에 앞쪽에서 뒤쪽으로 겁니다.

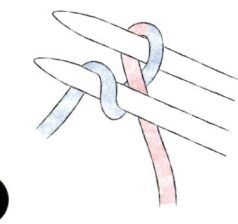

❸ 위쪽 바늘에 1코, 아래쪽 바늘에 1코, 이것이 한 쌍입니다.

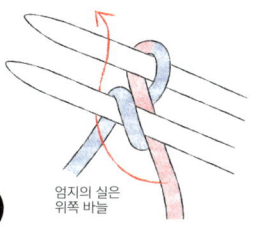

❹ 엄지의 실을 위쪽 바늘에 앞쪽에서 뒤쪽으로 겁니다.

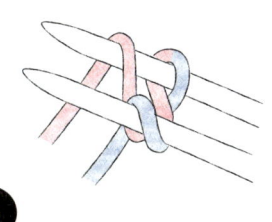

❺ 위쪽 바늘에 두 번째 코가 만들어졌습니다. 아래쪽 바늘에도 ❷와 마찬가지로 실을 겁니다.

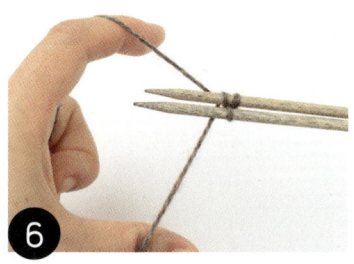

❻ ❷~❺를 반복해서 필요한 콧수를 만듭니다.

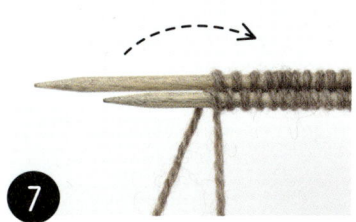

❼ 위쪽 바늘과 아래쪽 바늘에 필요한 콧수를 만들었습니다. 바늘 끝을 겉과 안이 뒤집히지 않게 주의해가며 오른쪽으로 돌립니다.

❽ 아래쪽 바늘을 오른쪽으로 빼서 코를 코드로 옮깁니다.

❾ 뺀 바늘로 반 바퀴(위쪽 바늘의 코)를 뜹니다. 다 뜨고 나면 ❼과 같은 요령으로 바늘 끝을 오른쪽으로 돌리고 ❽처럼 바늘을 빼서 나머지 반 바퀴를 뜹니다. 바늘을 바꾼 첫 코는 느슨해지기 쉬운데, 당겨서 뜨면 예쁘게 됩니다.

POINT PROCESS-3

걸기코로 덮어씌워 코막기

신축성 있는 코막음 기법입니다. 편물이 조이지 않고 늘어짐이 없기 때문에 입고 벗기 편해집니다.

❶ 먼저 걸기코를 만들고 다음 코를 마지막 단과 같은 요령으로 뜹니다.

❷ 걸기코를 만들어서 겉뜨기1코를 뜬 모습.

❸ 왼쪽 바늘을 걸기코에 넣고 겉코에 덮어씌운 후 뺍니다.

❹ 걸기코를 덮어씌웠습니다. 계속해서 일반적인 방법으로 덮어씌워 코막음합니다.

❺ 왼쪽 바늘을 오른쪽 코에 넣고 덮어씌웁니다.

❻ 걸기코로 덮어씌워 코막기가 완성되었습니다.

❼ 마지막 단의 코가 안뜨기인 경우 걸기코를 만든 후 안뜨기를 뜨고, 같은 요령으로 덮어씌웁니다.

❽ 남은 코도 한 번 더 덮어씌워주면 코막기 2코가 만들어집니다.

❾ ❶~❽을 반복해서 신축성 있는 걸기코로 덮어씌워 코막기가 완성되었습니다.

POINT PROCESS-4

돗바늘로 꿰매서 코막기

동영상 보기
※일본어로 제작된 동영상이니 이 책의 번역을 참조해 가며 보세요

돗바늘을 사용해서 코막음하는 방법입니다. 덮어씌워 코막기보다 신축성이 훨씬 좋습니다.

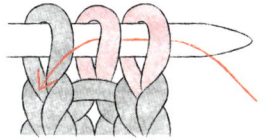

뜨개바탕의 3배 길이를 남기고 실을 자른 후 돗바늘에 실을 꿰어 2코에 돗바늘을 넣습니다.

① 돗바늘을 2코의 앞쪽에 넣습니다.

② 2코가 딱 붙도록 실을 당깁니다.

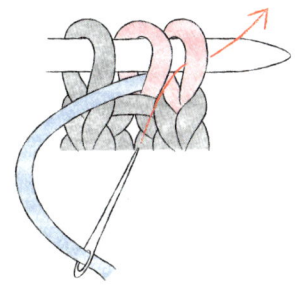

돗바늘을 오른쪽 1코의 앞쪽에서 넣어 뒤쪽으로 빼냅니다.

③ 돗바늘을 앞쪽에서 뒤쪽으로 넣습니다.

④ 왼쪽 바늘에서 1코를 뺍니다.

⑤ ①~④를 반복해서 코막음합니다.

⑥ 신축성 있는 돗바늘로 꿰매서 코막기가 완성되었습니다.

POINT PROCESS-5

벌집무늬 브리오슈뜨기

벌집처럼 보이는 무늬가 완성됩니다. 뜨는 방법은 여러 가지인데 여기에서는 기호 도안을 바탕으로 설명합니다. 이와 다른 방법으로 완전히 똑같은 모양이 되는 서술형 설명을 마지막에 소개해두겠습니다.

기호 도안

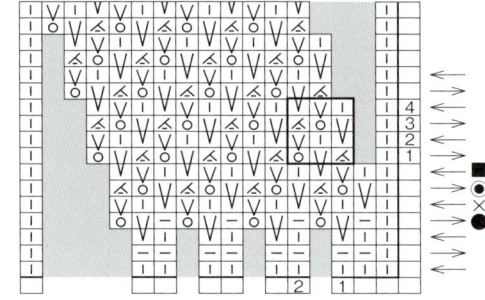

■ =코가 없는 부분

※처음 2단은 가터뜨기로 뜨다

1 ●단, 안쪽에서 본 단입니다. 실을 바늘에 겁니다(걸기코).

2 코를 뜨지 않고 오른쪽 바늘로 옮깁니다(걸러뜨기).

3 겉뜨기(겉쪽에서 보면 안뜨기). 이 과정을 반복합니다.

4 X단, 겉쪽에서 본 단입니다.

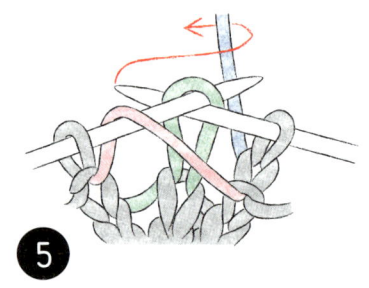

5 아랫단의 걸러뜨기는 겉뜨기로 뜹니다.

6 걸러뜨기를 겉뜨기로 뜬 모습.

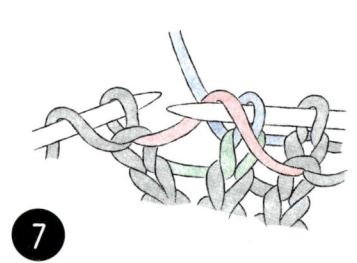

7 걸기코는 그대로 오른쪽 바늘에 옮깁니다.

8 다음 코는 겉뜨기로 뜹니다. 이 과정을 반복합니다.

9 ●단, 안쪽에서 본 단입니다. 걸기코. 화살표와 같이 바늘을 넣어서

걸러뜨기.

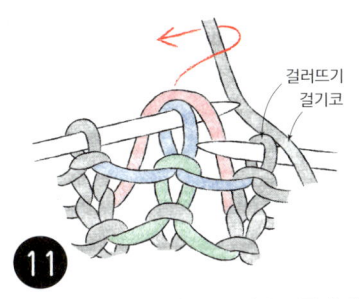
아랫단에서 걸러뜨기한 코와 다음 코를 함께 바늘에 넣어서

겉뜨기로 뜹니다(2코모아뜨기).

이 과정을 반복합니다.

■단, 겉쪽에서 본 단입니다. 아랫단에서 2코 모아뜨기한 코는 겉뜨기로 뜹니다.

걸러뜨기한 코는 겉뜨기로 뜨고 걸기코를 만든 코는 그대로 오른쪽 바늘에 옮깁니다(걸러뜨기).

이 과정을 반복합니다.

●, X, ◉, ■단을 반복해서 별집무늬 브리오슈가 완성되었습니다.

동영상 보기
※일본어로 제작된 동영상이니 이 책의 번역을 참조해 가며 보세요

서술형 설명
(이 책에 수록한 작품은 이 방법으로 떴습니다.)

뜨개 방법은 완전히 다르지만 같은 모양으로 뜰 수 있습니다.

❶ 1단 : (←) 겉뜨기1코, 바로 아랫단에 바늘을 넣어서 겉뜨기1코를 반복한다.
❷ 2단 : (→) 가로로 걸친 실과 함께 겉뜨기1코, 겉뜨기1코를 반복한다.
❸ 3단 : (←) 바로 아랫단에 바늘을 넣어서 겉뜨기1코, 겉뜨기1코를 반복한다.
❹ 4단 : (→) 겉뜨기1코, 가로로 걸친 실과 함께 겉뜨기1코를 반복한다.

ABOUT YARN
이 책에서 사용한 실 (실물 크기)

퍼피 PUPPY

1 셰틀랜드 Shetland
울 100%(영국 양모 100% 사용) 40g 1볼/약 90㎝ 병태사 총 35색

2 브리티시 에로이카 British Eroika
울 100%(영국 양모 50% 이상 사용) 50g 1볼/약 83m 극태사 총 35색

3 브리티시 파인 British Fine
울 100% 25g 1볼/약 116m 중세사 총 40색

4 펠리지 Pelage
알파카 63%(베이비알파카 사용)·나일론 26%·울 11% 50g 1볼/약 88m 극태사 총 8색

5 모나르카 Monarca
알파카 70%·울 30% 50g 1볼/약 89m 극태사 총 10색

이사게르 ISAGER

6 에코 소프트 Eco Soft
알파카 56%·오가닉 피마코튼 44% 50g 1볼/약 125m 병태사 총 6색

7 실크 모헤어 Silk Mohair
슈퍼키드 모헤어 75%·실크 25% 25g 1볼/약 212m 극세사 총 31색

8 트비니 Tvinni
메리노울 100% 100g 1타래/약 510m 중세사 총 58색

9 하이랜드 울 Highland Wool
울 100% 50g 1볼/약 275m 중세사 총 19색

10 보물린 Bomulin
면 65%·리넨 35% 50g 1볼/약 210m 극세사 총 14색

나이토쇼지 内藤商事

11 라자 Laja
알파카 43%·울 43%·나일론 14% 50g 1볼/약 150m 극태사 총 8색

로완 ROWAN

12 키드실크 헤이즈 Kidsilk Haze
모헤어 70%·실크 30% 25g 1볼/약 210m 극세사 총 81색

13 브러시드 플리스 Brushed Fleece
울 65%·알파카 30%·나일론 5% 50g 1볼/약 115m 극태사 총 16색

랑 LANG

14 레기나 Regina
면 50%·알파카(베이비알파카) 25%·실크 20%·울 6% 50g 1볼/약 175m 합태사 총 25색

15 울애딕츠 파이어 Wooladdicts Fire
버진 울(메리노 엑스트라파인) 98%·폴리에스터 2%, 100g 1볼/약 75m 초극태사 총 20색

레트로사리아 로사 포마르 RETROSARIA ROSA POMAR

16 브루스카 Brusca
포르투갈 울 100%(살로아종 50%·메리노 50%) 50g 1볼/약 125m 병태사 총 23색

제이미슨스 JAMIESON'S

17 셰틀랜드 스핀드리프트 Shetland Spindrift
퓨어 셰틀랜드 울 100% 25g 1볼/약 105m 중세사 총 225색

모미노키 얀 MOMINOKI YARN

18 저먼 메리노 라이트 German Merino Light
독일산 메리노 울 100% 100g 1타래/약 340m 합태사 총 19색

하마나카 HAMANAKA

19 아메리 엘 Amerry L 극태사
울(뉴질랜드 메리노) 70%·아크릴 30% 40g 1볼/약 50m 극태사 총 15색

20 소노모노 알파카 울 Sonomono Alpaca Wool
울 60%·알파카 40% 40g 1볼/약 60m 극태사 총 9색

울드리머스 WOOLDREAMERS

21 만체로피 Manchelopis
울 100% 100g 1볼/약 230m 병태사 총 9색

다루마 DARUMA

22 멜란지 슬럽 Melange Slub
울 100% 40g 1볼/약 46m 극태사 총 9색

※실에 대한 정보는 2022년 10월 현재 기준입니다.

amuhibi NOTE_03

자투리 실 활용법

손뜨개 경력이 길어질수록 '자투리 실'이 자꾸만 쌓여가지 않나요? 언젠가는 쓸지 모른다며 남겨놓았지만 쓸 일이 전혀 없는 실이 집 안에 잔뜩 처박혀 있는 경우도 많을 것입니다.
사진의 암워머는 그런 식으로 남은 털실을 주제로 한 작품이니 꼭 떠보기 바랍니다.
떠보면 알겠지만 두께가 일정하지 않아도 딱히 곤란하지 않으며 의외로 강조 효과를 줘서 설레는 마음으로 뜰 수 있을 거예요. 질감이나 색이 마음에 들지 않아서 사용하지 않은 실은 자신이 좋아하는 색의 모헤어와 겹쳐 실 2가닥으로 떠보세요. 모헤어와 겹쳐서 2가닥으로 뜨면 모헤어의 색이 70% 정도 더 강하므로 색도 신경 쓰이지 않으며 질감도 부드러워집니다. 실이 아주 조금만 남았다면 양말 입구의 마지막에 돗바늘로 꿰매서 코막음하는 부분만 다른 색을 사용해서 강조해도 좋아요.
귀찮아서 한 번에 처리하고 싶을 때는 펠트로 만드세요. 폭 12~13㎝ 정도로 시작코를 만들어서 자투리 실을 메리야스뜨기로 쭉 뜹니다. 30㎝ 정도 뜨면 냄비에 40℃ 정도로 물을 끓여서 주방세제와 뜨개바탕을 넣고 끓입니다. 약불로 조금씩 온도가 올라가게 하면 성공하기 쉬워요. 60% 정도로 줄어들면 가위로 잘라도 올이 풀리지 않으니 찬물로 식혀서 모양을 잡고 잘 펴서 말립니다. 다 마르면 잘라서 코스터나 냄비 받침, 냄비 손잡이 등으로 만들어 즐겨보세요. 화학섬유가 들어간 실은 펠트 만들기 어려우므로 울 100% 털실을 추천합니다.

자투리 실로 뜨는 암워머

자투리 실 5~6종류를 준비해서 암워머를 떠보세요. 실 두께가 태사나 극태사에 해당하도록 가는 실은 여러 겹을 겹쳐서 사용합니다. 길이는 취향에 따라 조절하세요!
SEE / PAGE_89

물세탁이 반드시 필요한가?

"물세탁을 하는 편이 좋나요?" 매장이나 뜨개 교실에서 제가 자주 듣는 질문입니다. 완성한 뜨개바탕에 핀을 박아서 모양을 잡는 방법을 블로킹이라고 하는데 물세탁은 이 블로킹 방법 중 하나이며 그 밖에 분무기나 스팀다리미를 사용하기도 합니다. 평소에는 물세탁에 자신이 없으면 스팀이나 분무기를 사용해도 괜찮다고 대답하는데, 여기에서는 제가 늘 활용하는 방법을 조금 자세하게 소개하려고 합니다.

아란무늬는 뜬 상태의 무늬가 가장 뚜렷하기 때문에 최대한 아무것도 하지 않습니다. 스웨터의 경우에는 모양을 잡기 위해서 블로킹을 하는데 무늬에 증기를 쐬면 망가지므로 무늬 외의 꿰매 있는 부분에 스팀을 살짝 쐬기만 합니다. 알파카 등 뜨개코가 잘 늘어나는 소재인 경우에는 물의 무게 탓에 더 늘어날 수 있기에 스팀으로 마무리합니다. 두툼하고 커다란 니트도 물의 무게로 뜨개바탕이 잘 늘어나기 때문에 물에 담그는 대신 분무기를 사용합니다. 참고로 고무뜨기 부분은 늘어나므로 핀을 박거나 스팀을 쐬지 않도록 합니다.

반대로 '숄'은 반드시 물세탁을 해야 합니다. 특히 비침무늬로 뜬 숄은 물세탁까지가 과정이라고 생각해도 될 정도로 완성도가 몰라보게 달라집니다. 배색무늬도 마찬가지라서 물세탁이 필수적입니다. 조금 울퉁불퉁한 뜨개바탕도 물을 충분히 머금게 하면 평평해집니다. 물세탁 방법은 먼저 니트를 개어 세탁망에 넣어서 10분 정도 미지근한 물에 담가 물을 흡수시킵니다. 털실 속에 공기가 남아 있으면 충분히 흡수하지 못하므로 거품이 생기지 않을 때까지 살살 누릅니다. 그 후 니트용 세제(울샴푸)를 넣어서 가볍게 눌러가며 빨고 물로 헹군 뒤 세탁망에 든 채로 물을 살짝 짜내 세탁기에 넣고 4~5분 탈수합니다. 모헤어의 경우 뜨개바탕에 스팀을 쐰 후 물세탁합니다. 털의 모양이 아름답게 정돈되므로 추천합니다.

수입 털실의 매력

수입 털실은 색이 풍부해서 보는 것만으로도 즐겁다는 분들이 있습니다. 페어아일용 실로 세계적으로 유명한 제이미슨스의 실 색상은 무려 200가지가 넘습니다. 일반적인 털실이라도 일본산 털실과 비교하면 색상 수가 대체로 풍부하며 발색도 뛰어난 실이 많습니다. 일본에 뜨개 문화가 보급된 지 약 200년 정도 되었는데 해외에는 11세기에 이미 양말을 떴다는 문헌이 남아 있어요. 양이 서식하는 나라에서는 오랜 시간에 걸쳐 발전해온 뜨개 역사와 함께 다양한 뜨개 기법이 발달했고 털실의 종류도 풍부해서 양모의 장점을 확실히 담은 실도 많이 접할 수 있습니다.

수입 털실로 작품을 뜬 적이 있는 분은 경험해봤을 텐데 털실 속에 지푸라기가 섞여 있는 경우가 종종 있습니다. 이는 그 털실에 탄화 처리를 하지 않았다는 증거입니다. 화학약품을 사용하는 탄화 처리를 하면 식물성 이물질을 완전히 제거할 수 있지만 그 대신 섬유에 남는 양털지방(라놀린)도 제거되어 원래 가진 장점을 발휘할 수 없어요. 탄화 처리하지 않은 울은 원래의 특성인 보온성과 흡습성이 뛰어나며 라놀린도 제대로 남아 있기 때문에 되튀기는 듯한 탄력과 아름다운 광택이 있습니다. 양모는 오염을 섬유 내부로 받아들이지 않는다는 특징이 있어서 가공하지 않은 수입 털실로 뜬 스웨터는 입은 후에 공기를 잘 통하게 해놓으면 계절이 끝날 때쯤 한 번만 빨아도 문제없습니다. 물세탁을 자주 하지 않아도 되기 때문에 10년이 지나도 아름다운 광택과 탄력을 유지할 수 있습니다. 수입 털실은 가격이 비싸지만 작품을 뜨는 동안이나 완성해 사용하는 내내 오랫동안 우리를 즐겁게 하는 매력이 넘쳐납니다.

ABOUT
CHECK SHEET

어머니의 한마디를 계기로 만들게 된 체크 시트

제가 유치원에 다니던 시절부터 고등학교를 졸업할 때까지 어머니는 작은 털실가게를 운영했습니다. 털실을 구매한 고객에게 무료로 뜨개질을 가르쳐줬기 때문에 어머니의 털실가게에 있는 3평 정도의 다다미방은 늘 이웃 아주머니들이 오셔서 뜨개질하거나 담소를 나누느라 북적거렸습니다. 무료로 배우는 게 미안하다며 맛있는 과자나 과일을 자주 들고 오셨기에, 밖에서 노는 것을 좋아하지 않았던 저는 솔직히 과자를 노리고 학교가 끝나면 어머니 가게로 직행해서 날마다 털실을 갖고 놀았습니다. 고등학교에 들어간 후 대바늘뜨기를 배워서 겨우 메리야스뜨기를 할 수 있게 되었을 때, 무모하게도 당시 좋아했던 미술부 선배에게 스웨터를 떠서 선물했습니다. 뜨는 동안 제가 질문을 너무 많이 했더니 어머니가 "뜨기 전에 먼저 뜨개 도안을 보면서 겉면을 만들어봐" 하며 적어준 것이 요즘 사용하는 체크 시트의 원형이 되었습니다. 대학 노트에 1단부터 순서대로 그 단에서 할 일을 적고, 맞는지 어머니(또는 친절한 손님)에게 보여주고 확인받은 후에 떴습니다. 처음 뜬 스웨터는 구멍이 뚫리기도 하고 밑단이 흐물흐물해서 처참했습니다. 하지만 노트 덕택에 큰 실수 없이 일단 모양은 완성했고 받은 사람이 좋아해주었기에(착한 사람이었습니다) 그 후에도 신이 나서 계속 스웨터나 조끼, 카디건 등을 떴습니다.

체크 시트를 만들어서 얻을 수 있는 가장 큰 장점은 불안함 없이 뜰 수 있다는 것입니다. 특히 콧수를 증감하는 부분은 늘리는(줄이는) 콧수와 단수를 노트에 적고 그대로 뜨기만 하면 실수가 없다고 안심할 수 있어요. 고등학교 때부터 뭔가를 뜰 때마다 계속 반드시 노트를 적었기에 온라인 쇼핑몰을 시작하면서 처음 만든 양말 키트에도 당연히 체크 시트를 넣었습니다. 양말의 뜨개 도안은 보기만 해도 어려워 보이잖아요? (웃음)

체크 시트로 편하게 손뜨개를 즐겼으면

저는 뜨개질을 매우 좋아해서 많은 사람에게 손뜨개의 즐거움을 알리고 싶었습니다. 누구든지 조금 노력하는 정도로 뜨개질할 수 있게 되면 좋겠다고 생각했습니다. 뜨개 도안을 보지 못해도 적혀 있는 대로 떠서 모양이 만들어지면 더 많은 사람이 분명히 손뜨개가 즐겁다고 느낄 것입니다. 그런 마음에서 온라인 쇼핑몰을 시작하면서 키트에 체크 시트를 부록으로 넣기로 했습니다. 그러자 '처음으로 양말을 떴다', '편하게 뜰 수 있어서 기분 좋다'라며 일부러 메일을 보내는 고객이 많았습니다. 매우 기뻤습니다. 어머니는 이제 뜨개질을 그만두셨지만 노트를 만들어보라고 해주셔서 감사하다고 이 자리를 빌려 인사를 전하고 싶습니다.

아무히비에서 처음 출간하는 이 책에 실린 모든 작품을 뜰 때도 체크 시트를 작성했습니다. 여러분도 뜨고 싶은 작품을 발견하면 직접 체크 시트를 작성해서 떠보기 바랍니다. 그 디자인이 어떤 식으로 되어 있는지 쉽게 이해할 수 있으며 뜨개 도안에 대한 이해도 깊어져서 실수가 줄어듭니다. 무엇보다도 이대로 뜨기만 하면 된다는 의욕이 생깁니다. 꼭 도전해보세요.

손뜨개의 좋은 점은 경력이 길든 짧든 저마다 재미를 발견할 수 있다는 것입니다. 그리고 하나라도 완성해서 그것을 직접 착용하고 남 앞에 나가는 것이 매우 중요하다고 할 수 있어요. 다른 사람이 열심히 뜬 작품을 볼 때도 반드시 칭찬해주세요. 칭찬을 받으면 즐겁습니다. 더 잘 뜨고 싶어져서 그때부터 진정한 의미로 손뜨개가 즐겁게 느껴질 거예요. 제 손뜨개 친구인 여러분이 계속 뜨개질을 좋아하기 바랍니다. 체크 시트가 조금이라도 도움이 되면 좋겠네요.

체크 시트 사용법

체크 시트에는 단수, 그 단에서 할 일, 증감, 콧수를 적습니다. 뜨개 도안과 마찬가지로 아래쪽에서 위쪽으로 봅니다. 시작은 맨 밑의 시작코 단입니다.

콧수 증감이 있는 단은 '그 단에서 할 일'을 뜨개코 기호로 표시하고, 증감 칸에 ±숫자를 적어놓으면 실수를 방지할 수 있습니다. 단별 콧수도 기입해, 실수가 없는지 확인하고 싶을 때는 먼저 콧수가 맞는지 확인하면 됩니다. 다 뜨고 나면 체크 박스에 표시하는 것도 잊지 마세요.

51, 52쪽에 아란 삭스(P.32)의 체크 시트를 샘플로 수록했으니 살펴보시기 바랍니다.

CHECK SHEET
아란 삭스 ARAN SOCKS

매직 루프로 뜨고 '앞쪽'→'뒤쪽' 순서로 뜹니다.

	앞쪽				단수		뒤쪽			
		이 단에서 할 일	✓	증감	콧수			이 단에서 할 일	✓	증감	콧수
	무늬7			0	31	14		겉뜨기		0	37
	무늬6			0	31	13		겉뜨기1, 오른코늘리기, 겉뜨기33, 왼코늘리기, 겉뜨기1		+2	37
	무늬5			0	31	12		겉뜨기		0	35
	무늬4			0	31	11		겉뜨기1, 오른코늘리기, 겉뜨기31, 왼코늘리기, 겉뜨기1		+2	35
	무늬3			0	31	10		겉뜨기		0	33
	무늬2			0	31	9	발뒤꿈치	겉뜨기1, 오른코늘리기, 겉뜨기29, 왼코늘리기, 겉뜨기1		+2	33
	무늬1			0	31	8		겉뜨기		0	31
	무늬20			0	31	7		겉뜨기1, 오른코늘리기, 겉뜨기27, 왼코늘리기, 겉뜨기1		+2	31
	무늬19			0	31	6		겉뜨기		0	29
	무늬18			0	31	5		겉뜨기1, 오른코늘리기, 겉뜨기25, 왼코늘리기, 겉뜨기1		+2	29
	무늬17			0	31	4		겉뜨기		0	27
	무늬16			0	31	3		겉뜨기1, 오른코늘리기, 겉뜨기23, 왼코늘리기, 겉뜨기1		+2	27
	무늬15			0	31	2		겉뜨기		0	25
	무늬14			0	31	1		겉뜨기1, 오른코늘리기, 겉뜨기21, 왼코늘리기, 겉뜨기1		+2	25
	무늬13			0	31	34		겉뜨기2, ㅅ, 겉뜨기2, ㅅ, 겉뜨기1, 겉뜨기2, 겉뜨기1, ㅅ, 겉뜨기2, ㅅ, 겉뜨기2		-8	23
	무늬12			0	31	33		(⍉ —)×15, ⍉		0	31
	무늬11	⌐		0	31	32		(⍉ —)×15, ⍉		0	31
	무늬10	무늬뜨기 20단 1무늬		0	31	31		(⍉ —)×15, ⍉		0	31
	무늬9			0	31	30		(⍉ —)×15, ⍉		0	31
	무늬8			0	31	29		(⍉ —)×15, ⍉		0	31
	무늬7			0	31	28		(⍉ —)×15, ⍉		0	31
	무늬6			0	31	27		(⍉ —)×15, ⍉		0	31
발등	무늬5			0	31	26		(⍉ —)×15, ⍉		0	31
	무늬4			0	31	25		(⍉ —)×15, ⍉		0	31
	무늬3			0	31	24		(⍉ —)×15, ⍉		0	31
	무늬2			0	31	23		(⍉ —)×15, ⍉		0	31
	무늬1			0	31	22		(⍉ —)×15, ⍉		0	31
	무늬20			0	31	21		(⍉ —)×15, ⍉		0	31
	무늬19			0	31	20		(⍉ —)×15, ⍉		0	31
	무늬18			0	31	19	발바닥	(⍉ —)×15, ⍉		0	31
	무늬17			0	31	18		(⍉ —)×15, ⍉		0	31
	무늬16			0	31	17		(⍉ —)×15, ⍉		0	31
	무늬15			0	31	16		(⍉ —)×15, ⍉		0	31
	무늬14			0	31	15		(⍉ —)×15, ⍉		0	31
	무늬13			0	31	14		(⍉ —)×15, ⍉		0	31
	무늬12			0	31	13		(⍉ —)×15, ⍉		0	31
	무늬11	⌐		0	31	12		(⍉ —)×15, ⍉		0	31
	무늬10	무늬뜨기 20단 1무늬		0	31	11		(⍉ —)×15, ⍉		0	31
	무늬9			0	31	10		(⍉ —)×15, ⍉		0	31
	무늬8			0	31	9		(⍉ —)×15, ⍉		0	31
	무늬7			0	31	8		(⍉ —)×15, ⍉		0	31
	무늬6			0	31	7		(⍉ —)×15, ⍉		0	31
	무늬5			0	31	6		(⍉ —)×15, ⍉		0	31
	무늬4			0	31	5		(⍉ —)×15, ⍉		0	31
	무늬3			0	31	4		(⍉ —)×15, ⍉		0	31
	무늬2			0	31	3		(⍉ —)×15, ⍉		0	31
	무늬1			0	31	2		(⍉ —)×15, ⍉		0	31
	(안뜨기3, 돌려뜨기로 코늘리기)×7회, 겉뜨기3			+7	31	1		(겉뜨기3, 돌려뜨기로 코늘리기)×7회, 겉뜨기3		+7	31
	겉뜨기1, 오른코늘리기, 겉뜨기 20, 왼코늘리기, 겉뜨기1			+2	24	14		겉뜨기1, 오른코늘리기, 겉뜨기 20, 왼코늘리기, 겉뜨기1		+2	24
	겉뜨기			0	22	13		겉뜨기		0	22
	겉뜨기1, 오른코늘리기, 겉뜨기18, 왼코늘리기, 겉뜨기1			+2	22	12		겉뜨기1, 오른코늘리기, 겉뜨기18, 왼코늘리기, 겉뜨기1		+2	22
	겉뜨기			0	20	11		겉뜨기		0	20
	겉뜨기1, 오른코늘리기, 겉뜨기16, 왼코늘리기, 겉뜨기1			+2	20	10		겉뜨기1, 오른코늘리기, 겉뜨기16, 왼코늘리기, 겉뜨기1		+2	20
	겉뜨기			0	18	9		겉뜨기		0	18
발끝	겉뜨기1, 오른코늘리기, 겉뜨기14, 왼코늘리기, 겉뜨기1			+2	18	8	발끝	겉뜨기1, 오른코늘리기, 겉뜨기14, 왼코늘리기, 겉뜨기1		+2	18
	겉뜨기			0	16	7		겉뜨기		0	16
	겉뜨기1, 오른코늘리기, 겉뜨기12, 왼코늘리기, 겉뜨기1			+2	16	6		겉뜨기1, 오른코늘리기, 겉뜨기12, 왼코늘리기, 겉뜨기1		+2	16
	겉뜨기			0	14	5		겉뜨기		0	14
	겉뜨기1, 오른코늘리기, 겉뜨기10, 왼코늘리기, 겉뜨기1			+2	14	4		겉뜨기1, 오른코늘리기, 겉뜨기10, 왼코늘리기, 겉뜨기1		+2	14
	겉뜨기			0	12	3		겉뜨기		0	12
	겉뜨기1, 오른코늘리기, 겉뜨기8, 왼코늘리기, 겉뜨기1			+2	12	2		겉뜨기1, 오른코늘리기, 겉뜨기 8, 왼코늘리기, 겉뜨기1		+2	12
	시작코				10	1		겉뜨기		0	10
	시작코 주디스 매직 코잡기 & 매직 루프를 이용해 원통으로 뜬다(20코).										

CO= 시작코　　— … 안뜨기　　⍉ 돌려뜨기　　(⍉ — ⍉) … 돌려뜨기로 고무뜨기　　人 … 오른코 겹쳐 2코모아뜨기　　入 … 왼코 겹쳐 2코모아뜨기
人 … 왼코 겹쳐 2코모아안뜨기　　† … 뜨개바탕을 뒤집는다

CHECK SHEET
ARAN SOCKS

	앞쪽			단수	뒤쪽			
	이 단에서 할 일	✓	증감	콧수		이 단에서 할 일	✓	증감	콧수
양말입구	돗바늘로 꿰매서 코막기					돗바늘로 꿰매서 코막기			
	(−ℓ)×11회, −		0	23	8	(ℓ−)×15회, ℓ		0	31
	(−ℓ)×11회, −		0	23	7	(ℓ−)×15회, ℓ		0	31
	(−ℓ)×11회, −		0	23	6	(ℓ−)×15회, ℓ		0	31
	(−ℓ)×11회, −		0	23	5	(ℓ−)×15회, ℓ		0	31
	(−ℓ)×11회, −		0	23	4	(ℓ−)×15회, ℓ		0	31
	(−ℓ)×11회, −		0	23	3	(ℓ−)×15회, ℓ		0	31
	(−ℓ)×11회, −		0	23	2	(ℓ−)×15회, ℓ		0	31
	−ℓ⋋⋌ℓ⋋⋌ℓ−ℓ−ℓ−ℓ−ℓ⋋⋌ℓ⋋⋌ℓ−		−8	23	1	(ℓ−)×15회, ℓ		0	31
발등	무늬3		0	31	34	(ℓ−)×15회, ℓ		0	31
	무늬2		0	31	33	(ℓ−)×15회, ℓ		0	31
	무늬1		0	31	32	(ℓ−)×15회, ℓ		0	31
	무늬20		0	31	31	(ℓ−)×15회, ℓ		0	31
	무늬19		0	31	30	(ℓ−)×15회, ℓ		0	31
	무늬18		0	31	29	(ℓ−)×15회, ℓ		0	31
	무늬17		0	31	28	(ℓ−)×15회, ℓ		0	31
	무늬16		0	31	27	(ℓ−)×15회, ℓ		0	31
	무늬15		0	31	26	(ℓ−)×15회, ℓ		0	31
	무늬14		0	31	25	(ℓ−)×15회, ℓ		0	31
	무늬13		0	31	24	(ℓ−)×15회, ℓ		0	31
	무늬12		0	31	23	(ℓ−)×15회, ℓ		0	31
	무늬11		0	31	22	(ℓ−)×15회, ℓ		0	31
	무늬10 ⎫ 무늬뜨기 20단 1무늬		0	31	21	(ℓ−)×15회, ℓ		0	31
	무늬9		0	31	20	(ℓ−)×15회, ℓ		0	31
	무늬8		0	31	19	(ℓ−)×15회, ℓ		0	31
	무늬7		0	31	18	(ℓ−)×15회, ℓ		0	31
	무늬6		0	31	17	(ℓ−)×15회, ℓ		0	31
	무늬5		0	31	16	(ℓ−)×15회, ℓ		0	31
	무늬4		0	31	15	(ℓ−)×15회, ℓ		0	31
	무늬3		0	31	14	(ℓ−)×15회, ℓ		0	31
	무늬2		0	31	13	(ℓ−)×15회, ℓ		0	31
	무늬1		0	31	12	(ℓ−)×15회, ℓ		0	31
발바닥	무늬20		0	31	11	(ℓ−)×15회, ℓ		0	31
	무늬19		0	31	10	(ℓ−)×15회, ℓ		0	31
	무늬18		0	31	9	(ℓ−)×15회, ℓ		0	31
	무늬17		0	31	8	(ℓ−)×15회, ℓ		0	31
	무늬16		0	31	7	(ℓ−)×15회, ℓ		0	31
	무늬15		0	31	6	(ℓ−)×15회, ℓ		0	31
	무늬14		0	31	5	(ℓ−)×15회, ℓ		0	31
	무늬13		0	31	4	(ℓ−)×15회, ℓ		0	31
	무늬12		0	31	3	(ℓ−)×15회, ℓ		0	31
	무늬11 ⎫ 무늬뜨기 20단 1무늬		0	31	2	(ℓ−)×15회, ℓ		0	31
	무늬10		0	31	1	(ℓ−)×15회, ℓ		0	31
	앞쪽의 31코는 코드에 건 채로 둔다. (쉼코)				16	겉뜨기3, 돌려뜨기로 코늘리기, 겉뜨기2, 돌려뜨기로 코늘리기)×4회, 겉뜨기3		+8	31
					15	걸러뜨기, 안뜨기20, ⋌, 안뜨기1, ↻		−1	23
					14	걸러뜨기, 안뜨기19, ⋋, 안뜨기1, ↻		−1	24
					13	걸러뜨기, 안뜨기18, ⋌, 안뜨기1, ↻		−1	25
					12	걸러뜨기, 안뜨기17, ⋋, 안뜨기1, ↻		−1	26
					11	걸러뜨기, 안뜨기16, ⋌, 안뜨기1, ↻		−1	27
					10	걸러뜨기, 안뜨기15, ⋋, 안뜨기1, ↻		−1	28
					9	걸러뜨기, 안뜨기14, ⋌, 안뜨기1, ↻		−1	29
					8	걸러뜨기, 안뜨기13, ⋋, 안뜨기1, ↻		−1	30
					7 발뒤꿈치	걸러뜨기, 안뜨기12, ⋌, 안뜨기1, ↻		−1	31
					6	걸러뜨기, 안뜨기11, ⋋, 안뜨기1, ↻		−1	32
					5	걸러뜨기, 안뜨기10, ⋌, 안뜨기1, ↻		−1	33
					4	걸러뜨기, 안뜨기9, ⋋, 안뜨기1, ↻		−1	34
					3	걸러뜨기, 안뜨기8, ⋌, 안뜨기1, ↻		−1	35
					2	걸러뜨기, 안뜨기7, ⋋, 안뜨기1, ↻		−1	36
					1	걸러뜨기, 안뜨기6, ⋌, 안뜨기1, ↻		−1	37
	무늬9		0	31	16	겉뜨기22, ⋋, 겉뜨기1, ↻		−1	38
	무늬8		0	31	15	겉뜨기1, 오른코늘리기, 겉뜨기35, 왼코늘리기, 겉뜨기1		+2	39

CO= 시작코   −⋯ 안뜨기   ℓ⋯ 돌려뜨기   (ℓ− −ℓ)⋯ 돌려뜨기로 고무뜨기   ⋋⋯ 오른코 겹쳐 2코모아뜨기   ⋌⋯ 왼코 겹쳐 2코모아뜨기
⋌⋯ 왼코 겹쳐 2코모아안뜨기   ↻⋯ 뜨개바탕을 뒤집는다

amuhibi Q & A

뜨개 교실이나 매장, SNS에서 자주 받는 질문을 정리해봤습니다.

QUESTION 01
어깨가 결리지 않는 뜨개 방법이 있나요?

자신도 모르게 뜨개질에 푹 빠져서 밤을 새웠다가 다음 날 아침에 일어났더니 어깨가 결려 고생한 경험이 있는 분이 많지 않나요? 저도 어깨 결림이 심해서 지금까지 온갖 병원을 다니며 물리치료를 받았습니다. 어떤 선생님이 "팔꿈치만 들지 않아도 꽤 편해질 겁니다"라고 조언해주셔서 그때부터는 팔꿈치 위치를 신경 쓰며 생활하고 있어요. 업무상 뜨개질하거나 스마트폰을 보거나 컴퓨터 앞에 앉아 있는 생활을 주로 하기 때문에 어깨 결림에서 벗어난 것은 아닙니다. 하지만 팔꿈치 위치에 신경 쓴 이후로 힘들었던 방아쇠수지 증후군 증상이 사라졌습니다.
테이블에 팔꿈치를 붙이고 뜨개질하면 팔꿈치가 올라가는 자세가 되므로 피하도록 하세요. 침대나 소파 등 부드러운 곳 위에서 뜨는 것도 허리에 부담을 주기 때문에 피하는 편이 좋습니다.
'의자에 앉아서 뜨개바늘을 꽉 쥐지 않고 팔꿈치를 올리지 않도록 복부 주변에서 뜬다.' 제 경험상 이 방법으로 뜨면 몸이 가장 편하게 느낍니다. 초보자는 얼굴 근처로 뜨개바탕을 들어 올려서 뜨는 경우가 많은데 익숙해지면 조금씩 손을 내려서 뜨는 연습을 해보세요. 또한 오랜 시간 계속 앉아 있지 않도록 한 시간마다 가벼운 스트레칭을 하는 등 휴식을 취하는 것도 중요합니다. 몸에 부담을 주는 방법으로 계속 뜨다 보면 손가락 끝이나 허리에 부담이 되니 오랫동안 뜨개질을 즐기기 위해서라도 무리하지 말고 올바른 자세로 여유롭게 뜨세요.

QUESTION 02
아무리 해도 뜨개코가 가지런해지지 않아요.

"열심히 공들여 떴는데 아무리 해도 뜨개코가 고르지 않아요." 뜨개질을 시작한 지 얼마 안 된 분을 상담할 때 이런 고민이 가장 많습니다.
코가 가지런해지도록 최대한 정성 들여 뜨려고 하는 분들이 많은데 천천히 뜨면 오히려 코가 비뚤어집니다. 뜨개질은 리듬이 중요해요. 처음에는 코의 크기 등에 신경 쓰지 말고 리드미컬하게 뜨는 것에 집중하세요. 익숙해지면 조금씩 속도를 높이는 연습을 합니다. 능숙해지려면 계속 떠봐야 해요. 그리고 '자신이 갖고 싶은 작품'을 찾는 것도 실력이 빨리 향상되는 지름길입니다. 이 책에 여러분이 꼭 갖고 싶은 작품이 있기를 바랍니다.

QUESTION 03
코가 느슨해지거나 빡빡해져요. 손에 들어가는 힘을 알맞게 조절해서 뜨고 싶은데 어떤 점에 주의해야 하나요?

단순히 책에 실린 게이지대로 되지 않는 경우 바늘 호수를 조정하면 되기 때문에 그다지 신경 쓰지 않아도 됩니다. 오랫동안 뜨개질해서 뜨는 방법이 안정적이라면 게이지에 맞춰서 억지로 힘을 조절할 필요는 없어요. 게이지는 자신의 뜨는 방법을 바꿀 게 아니라 바늘 굵기로 맞추도록 하세요. 뜨개 방법을 자주 바꾸면 코가 불안정해져서 뜨개바탕의 코가 가지런하지 않으니 주의하기 바랍니다. 코가 너무 느슨하거나 빡빡해서 뜨개바탕이 예쁘게 떠지지 않는 분에게는 개선하는 방법을 간단히 설명해보겠습니다.
코가 빡빡하다면 가장 먼저 왼손 검지에 건 실의 장력을 확인합니다. 뜨기 전부터 이미 세게 당기는 사람이 있는데 바늘을 잡을 때 힘이 너무 많이 들어가지 않도록 주의해서 바늘을 꽉 쥐지 말고 최대한 살짝 잡도록 하세요. 뜨개바탕과 검지의 거리가 너무 가까우면 코가 빡빡해지기 쉬우므로 검지는 눕히지 말고 비스듬히 세워서 뜹니다.
반대로 코가 느슨해지기 쉬운 사람은 왼손 새끼손가락 사이에 끼운 실의 위치를 확인해보세요. 손바닥과 새끼손가락의 경계 부근에서 검지의 첫 번째 관절로 실이 지나가면 S자가 생겨서 실이 길게 쥐어지는 것을 방지합니다. 손바닥이 넓은 사람은 아무래도 코가 느슨해지기 쉬우므로 그런 경우에는 실을 새끼손가락 사이에 끼우는 대신 왼손 약지에 반지처럼 건 후 검지에 겁니다. 이는 S자를 두 번 만드는 방법인데 실이 꽤 단단히 걸리니 시도해보세요.

QUESTION 04

손가락에 걸어서 만드는 시작코는 대바늘 2개를 겹치는 것과 두꺼운 대바늘을 쓰는 것 중 어느 쪽을 추천하나요?

이 책에서는 신축성 있는 시작코 '독일식 트위스트 코잡기'(P.40)도 소개했는데 일반적인 시작코로 여러분이 친숙한 방법은 '손가락에 걸어서 만드는 시삭코'일 겁니다. 이 시작코는 질문과 같이 '사용하는 대바늘 2개를 겹치거나 조금 굵은 바늘로 시작코를 만든 후 사용하는 바늘로 뜬다'라고 배우셨겠죠? 저도 손뜨개 선생님이었던 어머니께서 그렇게 알려주셨습니다. 그런데 제가 뜨개질을 직업으로 삼아서 남들에게 가르쳐주는 입장이 되고서야 손가락에 걸어서 만드는 시작코가 신축성이 별로 없어서 가로 폭이 짧게 만들어진다는 사실을 처음으로 깨달았습니다. 대바늘의 굵기를 키워도 코가 느슨해지기만 하고 가로 폭에는 그다지 변화가 없었습니다. 시작코 단만 코가 큰 것도 어쩐지 신경 쓰였어요. 그래서 시험 삼아 코와 코의 간격을 7~8mm 정도로 벌리는 느낌으로 시작코를 만들었더니 다음에 메리야스뜨기한 부분이 매우 예쁘고 뜨기도 쉬웠습니다. 그 후 저는 바늘은 그대로 두고 코의 간격을 벌려가며 시작코를 만들라고 알려주고 있습니다. 간격을 벌려가며 시작코를 만드는 것은 조금 어렵기 때문에 처음 바늘을 잡는 분은 조금 익숙해진 후에 시도하게 합니다. 하지만 만든 시작코를 엄지로 누른 후 간격을 벌려서 다음 시작코를 만들면 뜨기 쉽습니다. 검색해봤더니 이런 시작코를 만드는 방법은 해외의 뜨개 작가들이 이미 소개했으며 수많은 블로그에도 올라와 있었습니다. 전 세계에 있는 뜨개질을 좋아하는 사람들이 이전까지의 뜨개 방법을 함께 진화시켜서 공유할 수 있다는 것이 인터넷의 좋은 점 아닐까요?

QUESTION 05

안뜨기를 잘 못하겠어요. 그 때문인지 메리야스뜨기의 안쪽에 줄이 생깁니다. 어떤 점에 주의하면 좋을까요?

프랑스식 안뜨기의 어려움은 실을 걸 때 검지를 눌러 내리는 점에 있습니다. 현재 거침없이 뜰 수 있는 여러분도 익숙해지기 전까지 고생하지 않았나요? 이 안뜨기는 응용된 뜨개 방법도 많아서 엄지를 사용하거나 실을 잡아서 당기는 등 다양한 방법을 볼 수 있습니다. 질문의 메리야스뜨기 안쪽에 줄이 생기는 문제는 안코가 겉코에 비해 느슨해지기 쉬운 탓에 일어납니다. 검지로 눌러 내리는 것 이외의 방법으로 안뜨기를 하면 실을 당기는 각도의 문제 때문에 느슨해지기 쉬우므로, 가능하면 검지를 사용한 안뜨기를 터득하는 것을 추천합니다. 느슨해지지 않게 안뜨기를 하려면 겉뜨기를 할 때보다 검지와 뜨개바탕의 사이를 가깝게 해서 바늘을 잡고 실을 오른쪽 바늘에 겁니다. 그다음 왼손바닥이 자신의 앞쪽으로 오게 한 상태에서 바늘에 건 실을 조금씩 당겨가며 검지 끝에 휘감아 아래로 눌러 내립니다. 왼손이 옆쪽에 있으면 실을 걸기 어려우므로 반드시 손바닥이 자신 쪽을 보게 하세요. 실을 당길 때의 방향도 중요합니다. 확실히 바로 아래쪽으로 꾹 눌러내리세요. 익숙해질 때까지 계속 뜨다 보면 손이 요령을 파악해서 어느 순간 잘 뜰 수 있게 됩니다. 저는 늘 뜨개질이 자전거 연습과 비슷하다고 생각해요. 자전거도 여러 번 반복 연습을 하다 보면 어느 순간 갑자기 잘 탈 수 있게 되어서 왜 지금까지 못 탔을까 하는 생각이 들잖아요. 하지만 아무리 해도 안뜨기의 실을 거는 각도가 느슨해진다면 겉코를 느슨하게 해서 차이가 생기지 않게 하는 방법도 있습니다.

QUESTION 06

스웨터를 뜨는 도중에 실이 부족해졌습니다. 같은 로트 번호의 실은 단종된 것 같아요. 어떻게 해야 하나요?

로트 번호가 다르다고 해서 색의 차이가 뚜렷하게 보이는 경우는 적지만 역시 미묘한 차이는 있습니다. 특히 수입 털실은 같은 로트 번호의 털실을 구매하기 어렵기 때문에 조금 많이 사놓는 것을 추천합니다. 부족해져서 다른 로트 번호의 실을 사용할 경우 목둘레단이나 소맷단, 밑단 등의 고무뜨기에 사용하면 별로 눈에 띄지 않습니다. 몸판이나 소매 등 넓은 범위에 사용하는 경우에는 다른 로트 번호끼리 1단씩 번갈아 가며 줄무늬로 뜨면 좋아요. 참고로 로트 번호가 다른 경우 색의 차이가 큰 털실은 삭스얀과 수제 염색실입니다. 수제 염색실에는 애초에 로트 번호라는 개념이 없으며, 삭스얀은 1볼(타래)로 작품을 뜰 수 있기 때문에 로트 번호가 다른 경우 색을 엄격하게 맞추지 않을 때도 있습니다. 따라서 수입 털실과 마찬가지로 넉넉하게 구매해놓으세요.

amuhibi Q&A

QUESTION 07
제 치수에 맞게 조금 더 크게 뜨고 싶을 때 가능한 한 간단하게 할 수 있는 방법을 알려주세요.

몸판이나 길이를 조금 더 키우고 싶을 때 비교적 쉽게 할 수 있는 치수 변경 방법을 알려드리겠습니다. 옷길이, 몸판 모두 최대 2cm까지 늘릴 수 있습니다. 목둘레의 곡선을 다시 고칠 필요가 없으니 여유가 더 필요할 때 사용해보세요.

【몸판의 폭을 2cm 넓힌다】
어깨너비의 치수를 각각 1cm씩 늘립니다. 게이지의 10분의 1인 콧수가 1cm 분량이므로 그 콧수를 각각 어깨너비의 콧수에 더합니다. 예를 들면 게이지가 10cm×10cm에 18코 24단이며 어깨너비가 16코(9cm)인 경우 1cm는 1.8코이므로 2코를 늘려서 18코로 합니다. 밑단에 고무뜨기가 있는 경우에는 콧수가 짝수가 되도록 하세요.

【옷길이, 소매길이를 2cm 늘린다】
0.2×24단(게이지)=4.8이므로 5단을 추가해서 뜹니다. 고무뜨기는 길이를 바꾸지 않아야 디자인의 이미지를 지킬 수 있습니다. 소매는 평평하게 뜨는 부분을 더해서 뜨세요.

QUESTION 08
책에 실린 털실 이외의 실로 뜨고 싶은데 몇 볼을 사야 하는지 계산 방법을 알려주세요.

이번에 디자인한 니트 중 구하기 힘든 털실을 사용한 작품에는 대체할 수 있는 실을 제안했습니다. 만약에 마음에 드는 실이 따로 있고 게이지가 맞는다면 그 실로 떠보기 바랍니다.
몇 볼이 필요한지 계산할 때는 필요한 미터 수부터 계산합니다. 예를 들면 '레드 카디건'을 울드리머스의 MOTA로 뜨고 싶다면, 이 책에서 소개한 실인 퍼피 셰틀랜드의 경우 12볼이 필요하며 1볼은 90m이므로 필요한 실의 총길이는 1,080m임을 알 수 있습니다. MOTA는 1볼 230m이므로 계산하면 약 4.69볼이 필요하니, 5볼을 사면 충분할 거예요.

QUESTION 09
매직 루프는 어떻게 해야 하나요?

이 책에서 소개한 양말은 '매직 루프'라는 뜨개 방법으로 뜨는 것이 전제입니다. 매직 루프란 뜨개바탕에서 줄바늘의 코드를 빼 원통으로 뜨는 방법입니다. 뜨개바탕에서 남는 길이의 코드를 빼서 뜨기 때문에 코드의 길이보다 작은 원을 뜰 수 있습니다. 60cm 또는 80cm 길이 줄바늘 중에서 코드가 부드러운 것을 추천합니다.

❶ 손가락에 걸어서 만드는 시작코로 필요한 콧수를 만듭니다.
❷ 시작코를 바늘에서 코드로 이동하고 반으로 나눈 후 코와 코 사이에서 코드를 빼냅니다. 각각의 코를 바늘로 이동합니다.
뜨는 실이 연결된 쪽을 뒤쪽으로 하고 시작코가 걸려 있는 바늘 2개를 겹칩니다(겉코가 바깥쪽이 되게 한다). 이때 코가 꼬이지 않았는지 반드시 확인합니다.
❸ 뜨는 실이 두 바늘 사이에서 나온 것을 확인한 후 뒤쪽 바늘을 코에서 빼내고 뜨개 시작 부분에 표시링을 걸어준 다음 앞쪽 바늘에 걸린 시작코를 뜹니다.
❹ 앞쪽을 다 뜨고 나면 앞뒤를 뒤집어서 나머지 반을 뜨는데 나머지 코는 코드에 걸려 있으므로 먼저 코드를 왼쪽으로 잡아당겨서 코를 바늘 쪽으로 이동시킵니다. ❸과 같은 방법으로 뒤쪽 바늘을 코에서 빼내고 나머지 코를 뜹니다.
❺ 이 과정을 반복해가며 뜹니다.

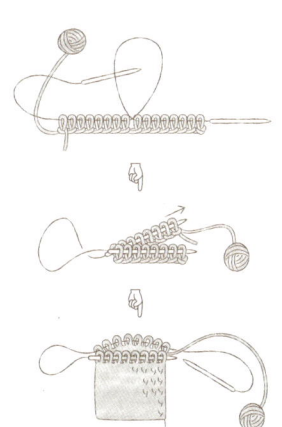

QUESTION 10
어떤 작품을 뜨고 싶어서 뜨개 방법이 실린 페이지를 봐도 뜨개 도안이 의문투성이라서 도전할 수 없어요…

작품의 스타일링 페이지를 보고 '이거다!' 하는 마음이 들어서 뜨는 방법 페이지를 보다가 뜨개 도안이 난해해서 '무리야' 하고 의기소침해지는 일은 저도 뜨개질을 처음 시작했을 때 여러 번 경험했습니다. 뜨개 도안은 '지금 어디를 뜨고 있는가', '여기부터 무엇을 하는가'를 알 수 있는 것이 장점이지만 겉쪽에서 본 코의 상태를 그려놓았기 때문에 안쪽을 뜰 때는 머릿속에서 뜨개바탕을 뒤집어서 뜨개방법을 바꿔야 합니다. 또한 콧수를 세거나 뜨개코 기호를 외워야 하는 등 초보자에게는 조금 난해합니다.

이 책에서는 많은 분이 손뜨개에 도전할 수 있게 체크 시트 작성 요령을 소개했습니다. 일본의 뜨개 서적은 뜨개 도안을 보고 뜨는 것이 주류이므로 여기에서 기본적인 도안 보는 방법을 설명해보겠습니다.

먼저 원칙적으로 시작코가 1단이 되므로 왕복해서 뜰 경우 뜨개 시작 부분은 안쪽입니다. 뜨개바탕을 마주 볼 때 뜨개 시작 부분의 실끝이 왼쪽에 있는 것이 겉쪽인데, 시작코가 끝나서 다음을 뜨려고 뜨개바탕을 뒤집었을 때는 실끝이 오른쪽에 있을 것입니다(다시 말해 안쪽). 일반적으로 왕복뜨기를 할 때는 '짝수 단의 기호는 반대로 한다'라고 외우세요. 짝수 단의 뜨개 도안에 안뜨기 기호가 있으면 겉뜨기를 합니다. 익숙해질 때까지 뜨개 도안의 단수에 뜨는 방향을 나타내는 화살표를 그려놓으면 이해하기 쉬워요.

다음으로 콧수 증감이 있는 부분, 진동둘레나 목둘레인데 1-3-2처럼 숫자가 적혀 있나요? 이는 '1단마다 3코를 2회 줄인다'라는 의미입니다. 코줄임을 시작하는 부분은 노트에 단수와 그 단에서 줄이는 콧수를 적어서 확인해가며 뜨면 안심할 수 있을 거예요. 뜰 작품을 정하면 먼저 콧수 증감 부분만이라도 좋으니 체크 시트를 만들어보세요. 그것만으로도 실수가 확 줄어서 편하게 뜰 수 있습니다.

QUESTION 12
이 책에서 초보자에게 추천하는 작품은 무엇인가요?

지금 수준에서 뜰 수 있는 작품 중에서 선택하기보다 지금 가장 갖고 싶은 작품, 떠보고 싶은 작품을 뜨는 것이 좋습니다. 잘 모르겠거나 어렵더라도 갖고 싶은 작품이라면 열심히 할 수 있으니까요. 둥근 요크 작품 중 좋아하는 것이 있으면 도전해보면 어떨까요? 둥근 요크는 어려운 안뜨기가 거의 등장하지 않으며 꿰매 잇기도 필요 없고 완성하는 도중에 시험 삼아 입어볼 수 있어서 길이를 조정하기도 편합니다. 그래서 초보자에게 추천합니다. 체크 시트를 활용하면 뜨개 도안을 보지 못해도 뜰 수 있으니 시도해보기 바랍니다. 뜰수록 실력이 향상되기 마련이니 꼭 도전하세요! 그 첫걸음을 응원하겠습니다!

QUESTION 11
두 짝이 한 쌍인 작품을 만드는 게 어려워요. 똑같은 치수로 뜰 수 없기도 하고, 하나를 다 뜨고 나면 만족해서 결국 그대로 방치하고 맙니다. 조언해주세요!

기묘한 인연이네요. 저도 마찬가지랍니다(웃음). 한 짝을 다 뜨면 만족해서 아무래도 다른 작품이 뜨고 싶어지는 탓에 시간이 아무리 흘러도 장갑이나 양말은 좀처럼 완성하지 못합니다.

그런 고민에는 동시 뜨기를 추천합니다. 이 방법이 꽤 획기적이라서 따로 뜨는 것보다 빠르고, 한꺼번에 두 가지를 뜨기 때문에 치수가 맞지 않는 문제도 해결할 수 있어요. 이 책에 수록한 양말은 줄바늘을 사용해서 '매직 루프'(P.55 참조)로 떴는데 동시 뜨기도 이 매직 루프를 사용합니다. 먼저 실 2볼을 준비합니다. 긴 줄바늘에 시작코 2개를 만들고 처음의 시작코를 원통으로 1바퀴를 뜨고 다 뜨고 나면 다음 시작코를 똑같이 원통으로 뜹니다. 그 요령으로 뜨개바탕을 밀어가며 1바퀴를 다 뜨고 나면 다른 뜨개바탕으로 옮겨서 똑같이 1바퀴를 뜨는 과정을 반복해가며 뜹니다. 코드 길이는 80cm면 충분합니다. 털실 볼 안쪽과 바깥쪽에서 실을 꺼내서 사용하면 실이 엉키므로 실은 반드시 2볼을 준비하세요.

amuhibi Q & A

HOW TO KNIT
작품을 뜨는 방법

- 그림 속 숫자의 단위는 ㎝입니다.
- 이 책에서는 US 규격의 대바늘을 사용해서 작품 제작했는데 편리성을 고려하여 가장 비슷한 굵기의 일본 규격 대바늘 호수를 표시했습니다. 대바늘을 선택할 때는 오른쪽의 표도 참조하세요.
- 이 책의 작품을 뜨는 방법은 M, L사이즈로 표시했습니다. 기재한 작품 치수를 참고하여 자신의 체형과 취향에 맞춰서 너비와 길이를 응용해 뜨기 바랍니다. 작품 치수는 뜨는 사람의 손놀림에 따라 달라집니다. 치수대로 완성하고 싶은 경우에는 표시해놓은 게이지에 맞춰 대바늘 호수를 바꿔서 조정하세요. (스와치를 떠서 게이지보다 콧수와 단수가 많은 경우에는 대바늘 호수를 높이고 적은 경우에는 대바늘 호수를 낮춘다)
- KNIT_01, 05, 09를 제외한 작품은 전부 M사이즈로 제작했습니다.
- 실의 사용량은 작품을 제작한 당시 기준입니다. 뜨는 사람의 손놀림에 따라 필요한 실의 양이 크게 달라질 수 있습니다. 염려될 경우에는 실을 넉넉하게 준비하는 것을 추천합니다.
- 사용된 실, 색상은 예고 없이 단종될 수 있으니 양해 바랍니다.
- 뜨개의 기초는 40쪽 포인트 프로세스와 98쪽 테크닉 가이드 및 다음에서 소개하는 페이지를 참조하세요.

1코에 겉뜨기로 2코늘려뜨기(kfb) … 71
뜨개 끝부분의 코를 조이는 방법 … 93
실을 가로로 걸치는 가로 배색무늬뜨기 … 94
실을 세로로 걸치는 세로 배색무늬뜨기 … 84
안뜨기로 중심 3코모아뜨기 … 92
오른코 위 돌려 1코교차뜨기 … 91
왼코 위 돌려 1코교차뜨기 … 90
왼코로 덮어씌운 매듭뜨기 … 92
코를 남기면서 되돌아뜨기(경사뜨기) … 87
코를 뜨면서 되돌아뜨기 … 74
BASIC TECHNIQUE GUIDE … 98

대바늘의 굵기 대조표

mm	일본 대바늘 호수	US 대바늘 호수
2.00		0
2.10	0	
2.25		1
2.40	1	
2.70	2	
2.75		2
3.00	3	2.5
3.25		3
3.30	4	
3.50		4
3.60	5	
3.75		5
3.90	6	
4.00		6
4.20	7	
4.50	8	7
4.80	9	
5.00		8
5.10	10	
5.40	11	
5.50		9
5.70	12	
6.00	13	10
6.30	14	
6.50		10.5
6.60	15	
7.00	7 mm	
8.00	8 mm	11
9.00	9 mm	13
10.00	10 mm	15

KNIT_01
크로스 CROSS

P.6,7

YARN
A(P.6) / 퍼피 브리티시 파인 파란색(007) 255g=11볼, 연회색(010) 130g=6볼
B(P.7) / 퍼피 브리티시 파인 연갈색(021) 230g=10볼, 하늘색(064) 100g=4볼

TOOL
대바늘 3호(US 2.5호 3mm), 2호(US 2호 2.75mm)

SIZE
A / 가슴둘레 120cm, 총길이 51.5cm, 소매길이(래글런 소매) 70.5cm
B / 가슴둘레 120cm, 총길이 43cm, 소매길이(래글런 소매) 70.5cm

GAUGE
10cm×10cm 배색무늬뜨기 34코 33단

HOW TO
◎ 요크, 몸판, 소매 … 목둘레부터 톱다운 형식으로 뜹니다. 요크는 일반적인 시작코를 만들어서 원통으로 뜨고 그림을 참조하여 래글런선은 돌려뜨기로 코를 늘려가며 배색무늬뜨기합니다. 몸판은 요크에서 코를 줍고 1단에서 앞판과 뒤판 모두 1코씩 코를 줄여 앞뒤를 연결해서 배색무늬뜨기, 1코고무뜨기는 원통으로 뜹니다. 배색무늬는 실을 가로로 걸치는 방법으로 뜹니다. 뜨개 끝부분은 덮어씌워 코막음합니다. 소매는 요크에서 코를 줍고 소매 옆선은 코를 줄여가며 몸판과 같은 방법으로 뜹니다.
◎ 마무리 … 목둘레단은 요크의 시작코에서 코를 주워 1코고무뜨기를 이용해 원통으로 뜹니다. 뜨개 끝부분은 느슨하게 덮어씌워 코막음하고 안쪽으로 접어서 휘갑치기합니다.

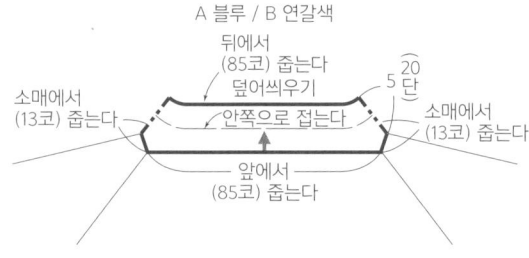

목둘레단 (1코고무뜨기) 2호 대바늘
A 블루 / B 연갈색

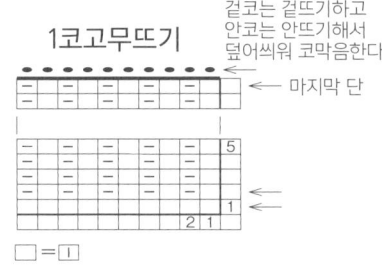

1코고무뜨기

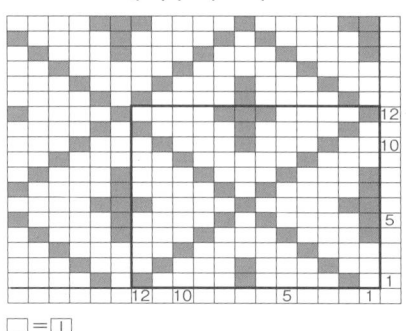

배색무늬뜨기

배색 □=A 파란색 / B 연갈색
■=A 연회색 / B 하늘색

POINT
래글런선 부분은 배색무늬뜨기에 사용하는 실을 안쪽으로 길게 걸치기 때문에 선 안쪽에서 걸친 실을 감싸 뜨면 눈에 띄지 않고 예쁘게 완성됩니다.

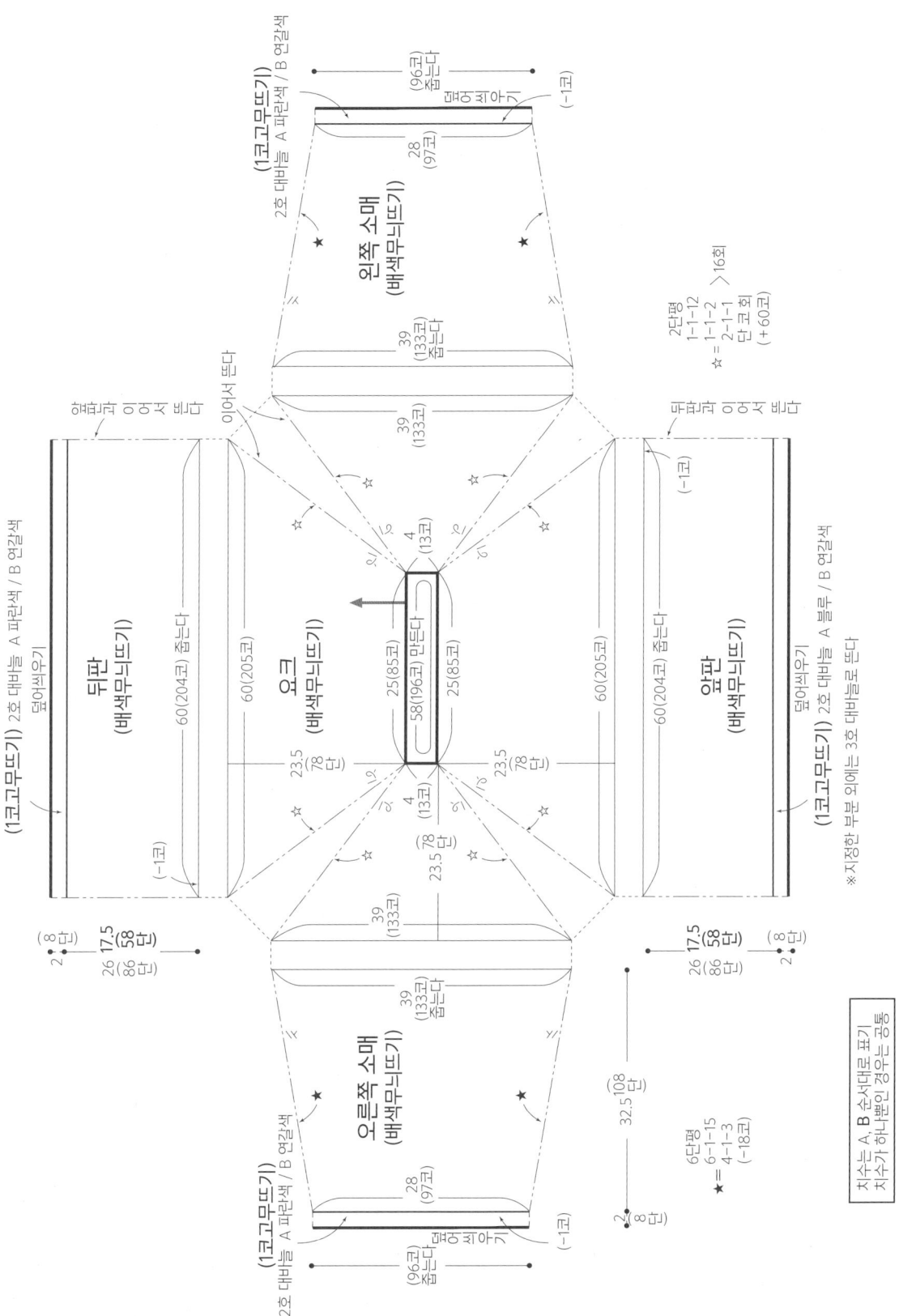

60쪽에 계속

59쪽에서 이어집니다 (작품 01)

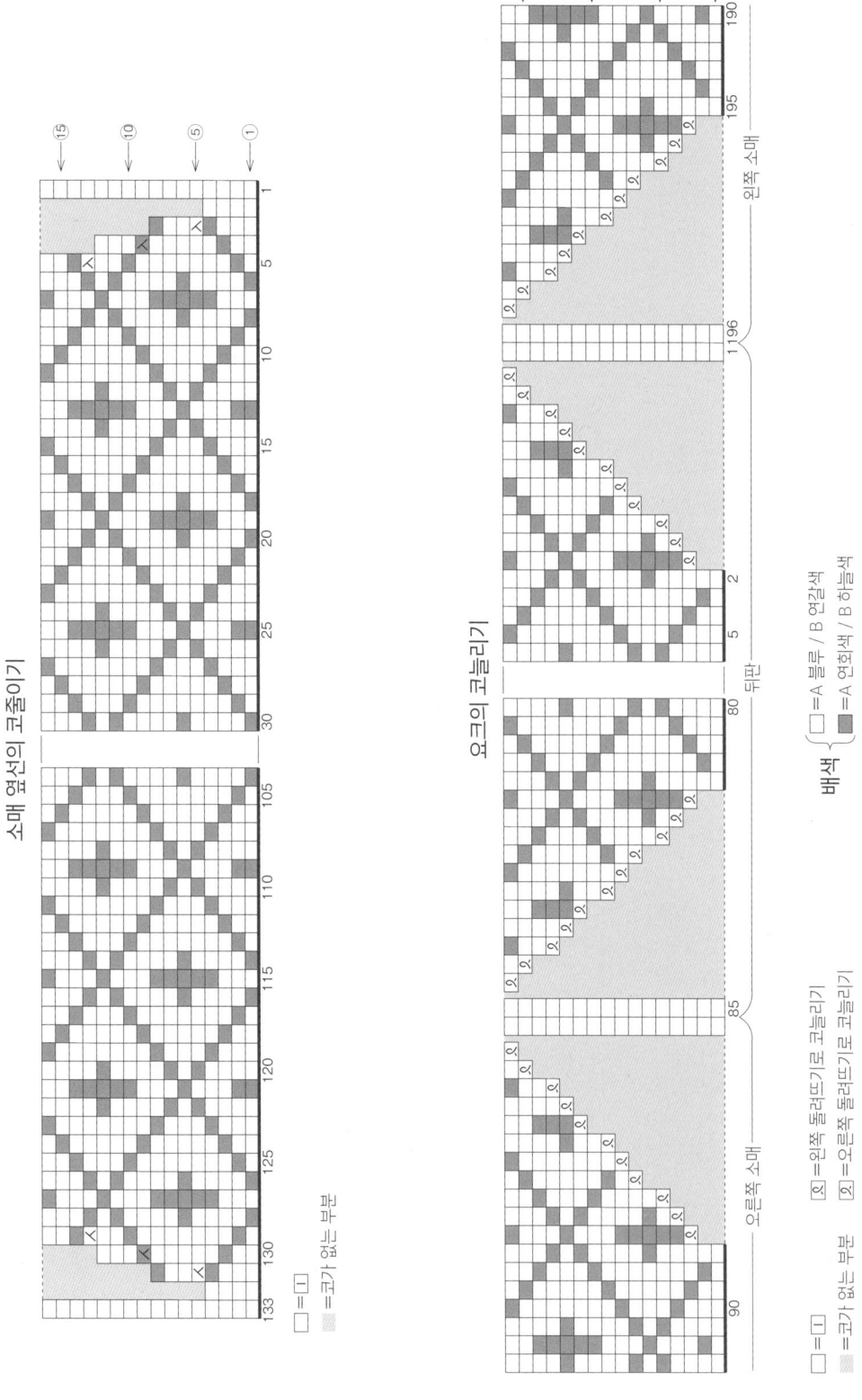

KNIT_03
엠비 스웨터 EMBI SWEA

P.10

YARN
사용한 실: 이사게르 하이랜드 울 스톤 M / 200g=4볼, L / 240g=5볼, 트비니 갈색(8s) M / 250g=3볼, L / 300g=3볼
대체 실: 하마나카 소노모노 알파카 울 진갈색(43) M / 735g=19볼, L / 880g=22볼

TOOL
대바늘 9호(US 8호 5.0mm), 7호(US 6호 4.0mm)

SIZE
M / 가슴둘레 97cm, 총길이 63cm, 화장(뒷목 중심에서 소매 끝) 길이 65.25cm
L / 가슴둘레 109cm, 총길이 66cm, 화장 길이 70.25cm

GAUGE
10cm×10cm 안메리야스뜨기 20코 29단

HOW TO
◎ 몸판, 소매 … 사용한 실은 전부 지정한 실 2가닥으로 뜹니다. 뒤판은 풀어내는 시작코(별도의 사슬뜨기로 만드는 시작코)를 만들어서 뜨기 시작하며 왼쪽 아래 부분부터 안메리야스뜨기로 뜬 뒤 코를 쉬게 해놓습니다. 같은 방법으로 오른쪽 아래 부분을 뜨고 계속해서 가운데에서 코를 늘리고 왼쪽 아래 부분에서 코를 주워 뜹니다. 가운데와 아래 부분의 2코 이상 코늘리기 부분은 실을 감아서 코를 늘립니다. 앞판, 소매는 뒤판과 같은 방법으로 뜨기 시작하며 안메리야스뜨기로 뜹니다. 코줄이기 부분에서 2코 이상은 덮어씌워 코막음하고 1코는 끝부분의 1코를 세워서 코를 줄입니다. 어깨 경사 부분은 코를 남기면서 되돌아뜨기합니다.

◎ 마무리 … 밑단, 소맷단은 시작코를 풀어서 코를 주워 1코고무뜨기합니다. 뜨개 끝부분에서 겉코는 겉뜨기하고 안코는 안뜨기해서 덮어씌워 코막음합니다. 밑단이 겹치는 부분은 오른쪽을 위로 오게 해서 겹치고 감침질합니다. 어깨는 덮어씌워 잇습니다. 목둘레단은 지정한 콧수만큼 코를 주워서 1코고무뜨기합니다. 뜨개 끝부분은 밑단과 같은 방법으로 뜨며 빡빡해지지 않게 주의합니다. 옆선, 소매 옆선은 실을 떠 올려서 잇습니다. 소매는 빼뜨기로 몸판과 연결합니다.

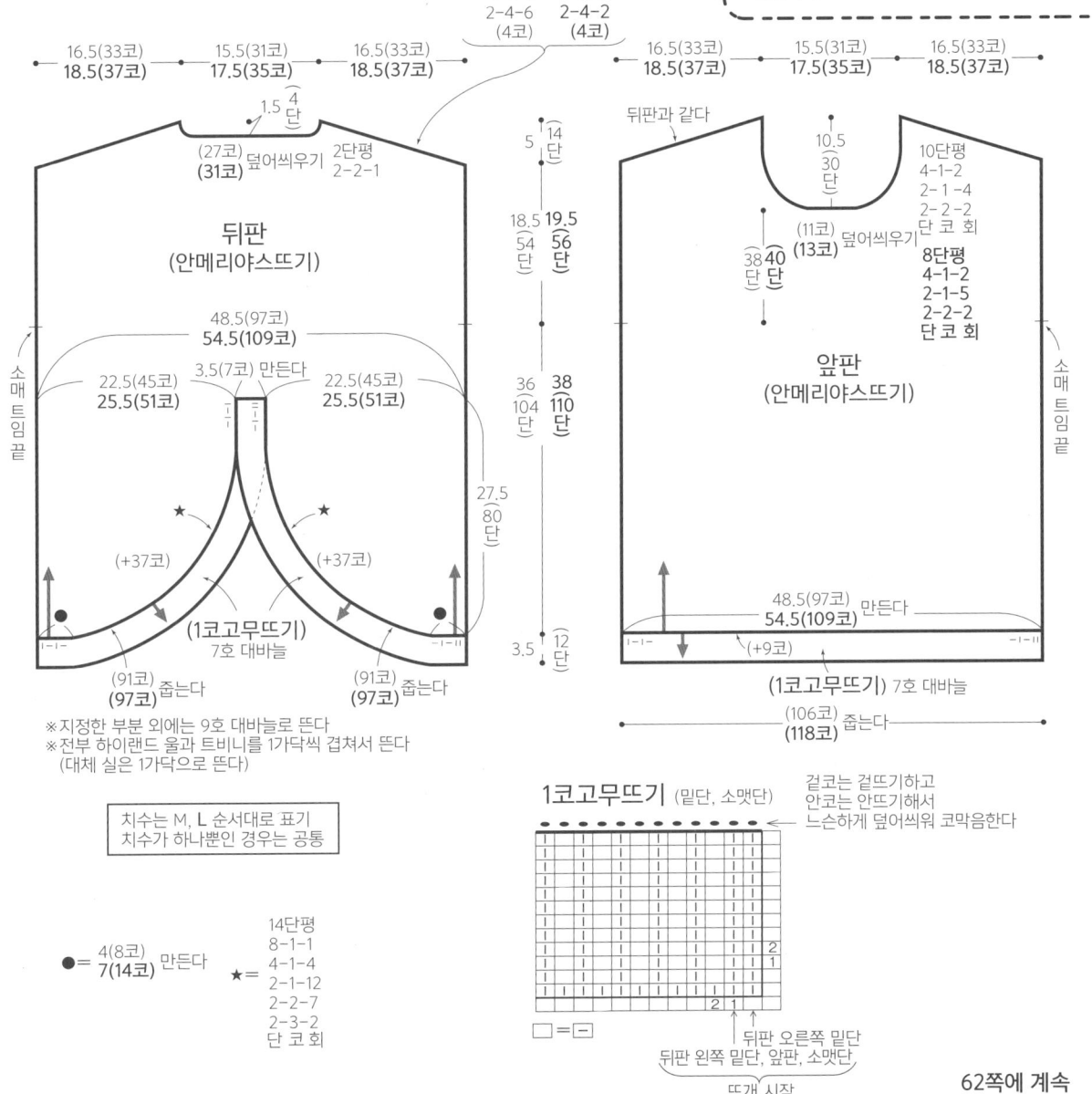

62쪽에 계속

61쪽에서 이어집니다 (작품 03)

목둘레단 (1코고무뜨기) 7호 대바늘

1코고무뜨기 (목둘레단)

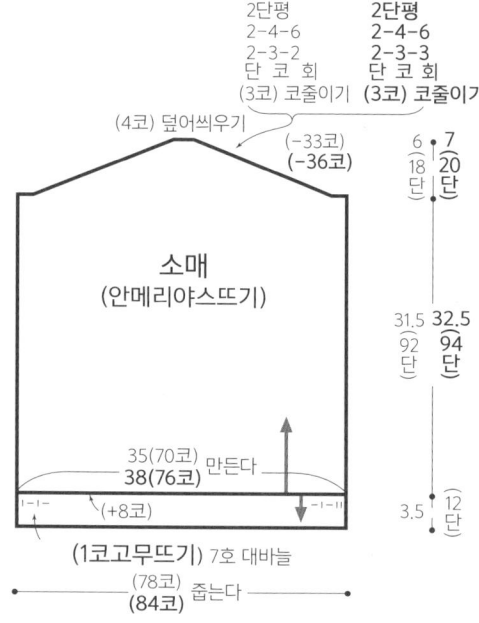

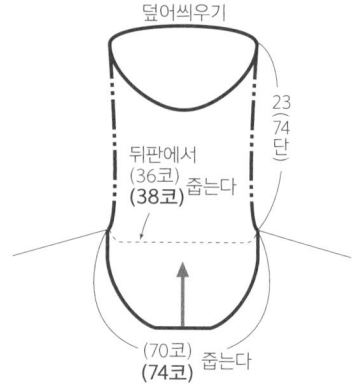

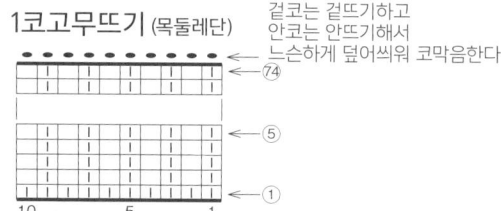

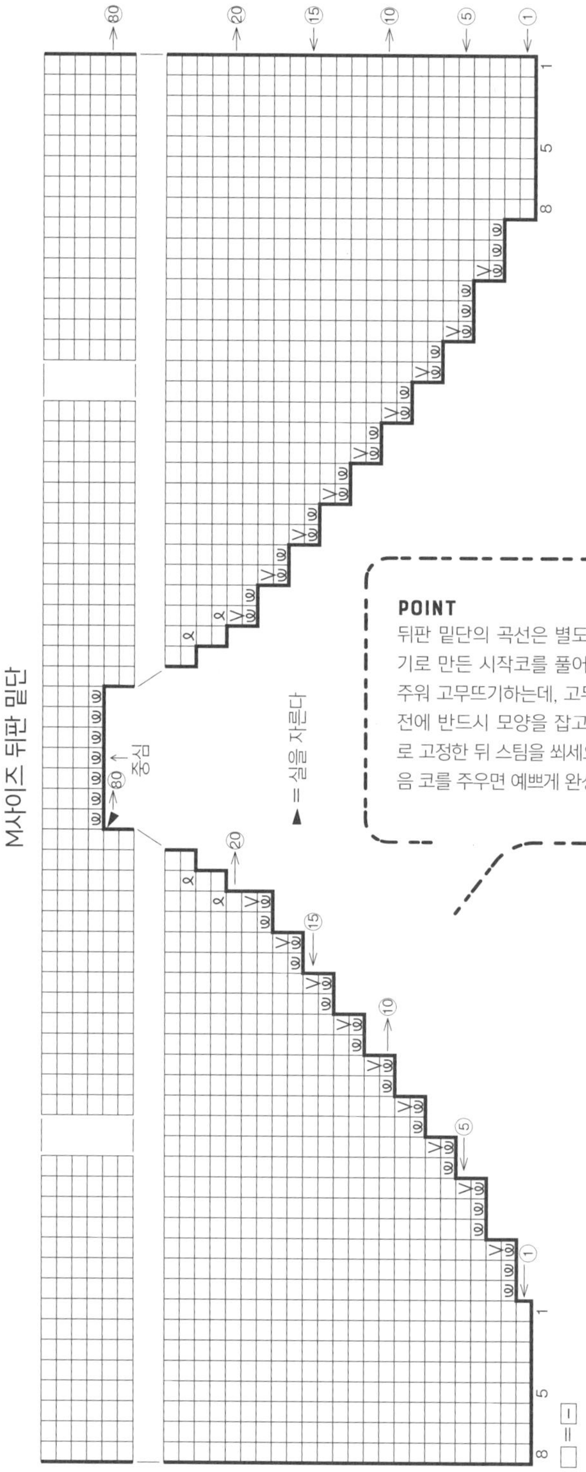

POINT

뒤판 밑단의 곡선은 별도의 사슬뜨기로 만든 시작코를 풀어내서 코를 주워 고무뜨기하는데, 고무뜨기하기 전에 반드시 모양을 잡고 시침핀으로 고정한 뒤 스팀을 쐬세요. 그런 다음 코를 주우면 예쁘게 완성됩니다.

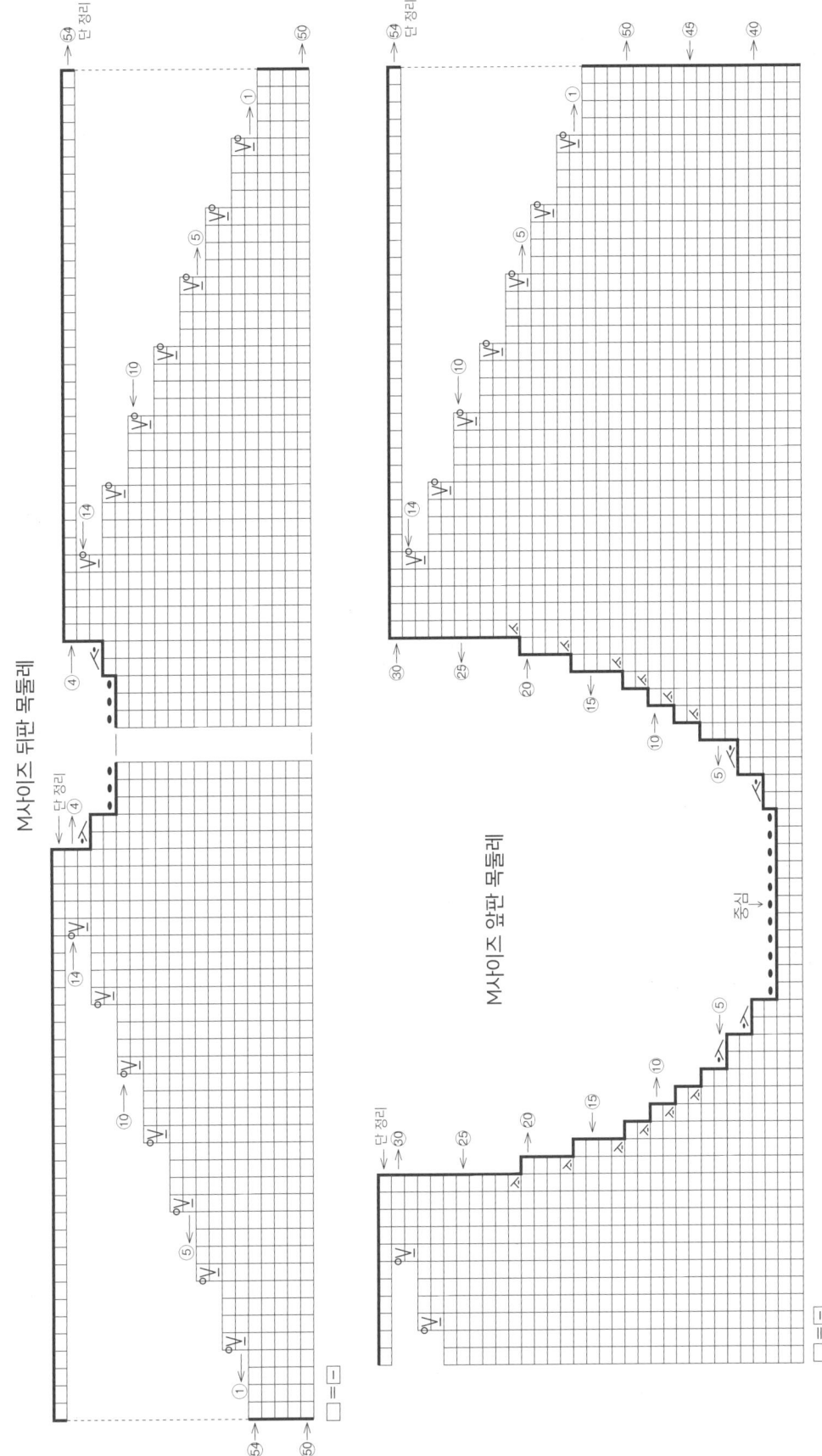

KNIT_02

다이아몬드 요크 DIAMOND YOKE
P.8

YARN
사용한 실: 레트로사리아 로사 포마르 브루스카 남색(13C) M / 325g=7볼, L / 390g=8볼, 베이지(B) M / 50g=1볼, L / 60g=2볼, 적갈색(8C) M / 30g=1볼, L / 40g=1볼, 그레이(15B) M, L / 각 15g=1볼
대체 실: 퍼피 브리티시 파인(2가닥) 차콜그레이(012) M / 350g=14볼, L / 420g=17볼, 파란색(007) M / 55g=3볼, L / 65g=3볼, 샌드베이지(024) M / 35g=2볼, L / 40g=2볼, 베이지(040) M, L / 각 15g=1볼

TOOL
대바늘 6호(US 6호 4.0mm), 4호(US 4호 3.5mm)

※대체 실의 배색은 P.17 참조

SIZE
M / 가슴둘레 112cm, 총길이 50cm, 화장 길이 68cm
L / 가슴둘레 125cm, 총길이 53cm, 화장 길이 72cm

GAUGE
10cm×10cm 배색무늬뜨기 25코 28.5단, 메리야스뜨기 21코 34.5단

HOW TO
◎ 목둘레단, 요크, 몸판, 소매 … 목둘레단은 독일식 트위스트 코잡기(P.40 참조)로 뜨기 시작하며 1코고무뜨기를 원통으로 뜹니다. 요크는 콧수를 증감해가며 배색무늬뜨기, 메리야스뜨기로 뜹니다. 배색무늬뜨기는 실을 가로로 걸치는 방법으로 뜹니다. 몸판은 진동 부분에서 실을 감아 코늘리기한 부분과 요크에서 코를 주워서 메리야스뜨기, 1코고무뜨기를 원통으로 뜹니다. 뜨개 끝부분은 걸기코로 덮어씌워 코막음(P.42 참조)합니다. 소매는 요크의 쉼코와 진동 부분의 코를 주워 소매 옆선에서 코를 줄여가며 몸판과 같은 방법으로 뜹니다.

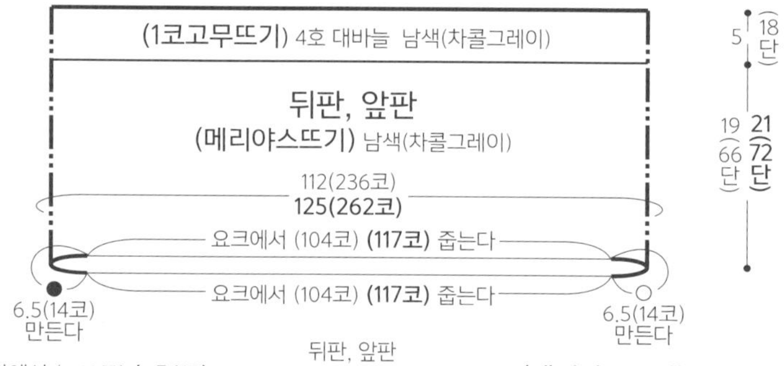

1코고무뜨기

POINT
다이아몬드무늬의 뾰족한 부분에서 안쪽의 걸친 실을 감싸서 뜨면 겉쪽에서 봤을 때 걸친 실이 눈에 잘 띄지 않습니다.

(1코고무뜨기) 4호 대바늘 남색(차콜그레이)

뒤판, 앞판 (메리야스뜨기) 남색(차콜그레이)

112(236코)
125(262코)

5 (18단)
19 21
66 72
단 단

요크에서 (104코) (117코) 줍는다
요크에서 (104코) (117코) 줍는다

6.5(14코) 만든다
6.5(14코) 만든다

3단에서 (-48코) (-54코)
뒤판, 앞판 각 (104코) (117코)
(메리야스뜨기) 남색(차콜그레이)
전체에서 (336코) (378코)

오른쪽 소매 (64코)(72코) 쉼코
(384코)
(432코)
왼쪽 소매 (64코)(72코) 쉼코

요크 (배색무늬뜨기)

분산 코늘리기 (+256코) (+288코) 도안 참조

51(128코 16무늬)
57(144코 18무늬)

3 4
10 14
단 단

23 66 단

목둘레단 (1코고무뜨기) 4호 대바늘 남색(차콜그레이)

(128코) 만든다
(144코)

5.5 20 단

28 31

※지정한 부분 외에는 6호 대바늘로 뜨다
※지정한 색은 사용한 실(대체 실)에 표시

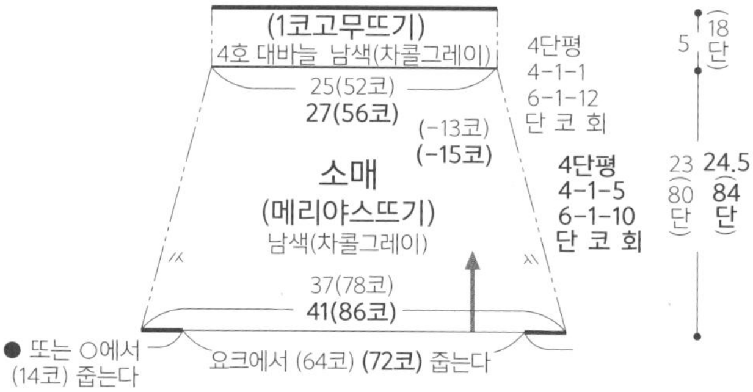

치수는 M, L 순서대로 표기
치수가 하나뿐인 경우는 공통

(1코고무뜨기) 4호 대바늘 남색(차콜그레이)

25(52코)
27(56코)

(-13코)
(-15코)

소매 (메리야스뜨기) 남색(차콜그레이)

37(78코)
41(86코)

4단평 4-1-1
6-1-12
단 코 회

4단평 4-1-5
6-1-10
단 코 회

5 18단
23 24.5
80 84
단 단

● 또는 ○에서 (14코) 줍는다
요크에서 (64코) (72코) 줍는다

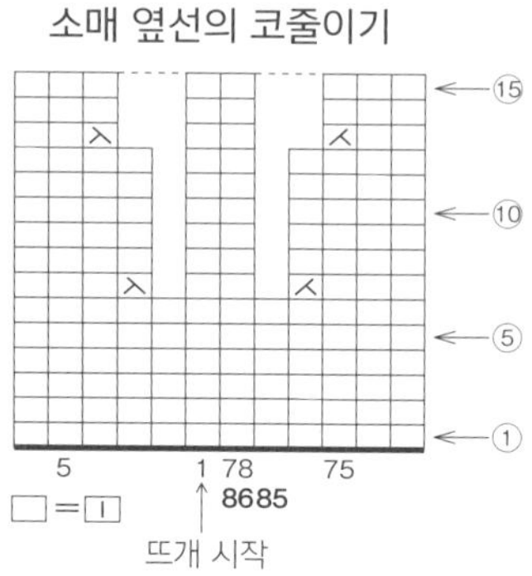

소매 옆선의 코줄이기

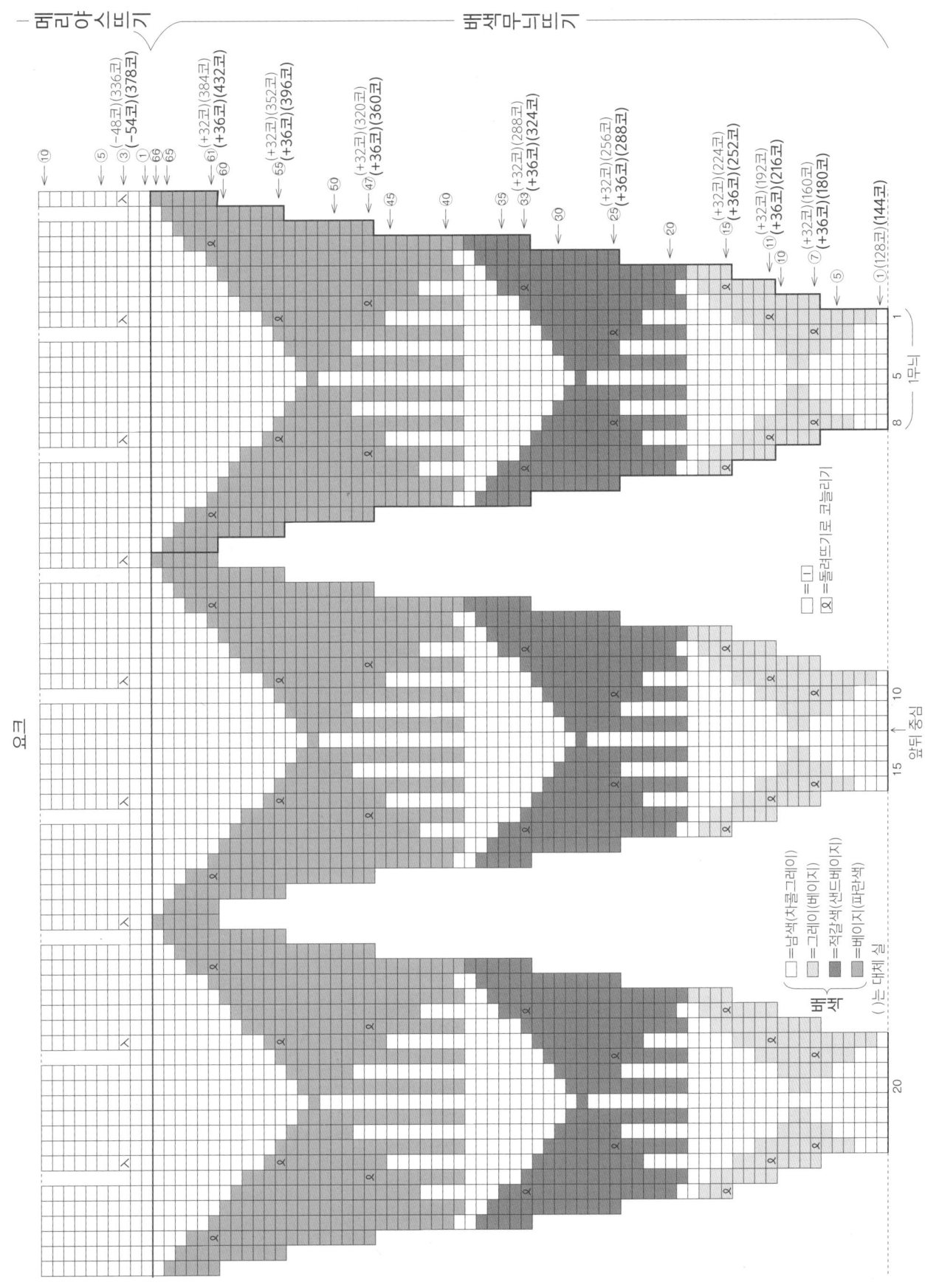

KNIT_04
아란 & 허니콤 브리오슈
ARAN & HONEYCOMB BRIOCHE

P.12

YARN
퍼피 브리티시 에로이카 튀르쿠아즈블루(190) S-M / 740g=15볼, M-L / 875g=18볼

TOOL
대바늘 10호(US 8호 5.0mm), 8호(US 7호 4.5mm)

SIZE
S-M / 가슴둘레 112cm, 총길이 59cm, 화장 길이 74cm
M-L / 가슴둘레 130cm, 총길이 62cm, 화장 길이 79.5cm

GAUGE
10cm×10cm 무늬뜨기A 13.5코 34단, 무늬뜨기E 18.5코 23.5단, 멍석뜨기 17코 28단, 무늬뜨기B, B' 모두 1무늬 21코가 7cm, 무늬뜨기C는 1무늬 7코가 3.5cm, 무늬뜨기D는 1무늬 30코가 13cm, B, B', C, D 모두 10cm에 26.5단

HOW TO
◎ 몸판, 소매 … 몸판은 일반적인 시작코를 만들어서 뜨기 시작하며 무늬뜨기A, B, B', C, D로 뜹니다. 목둘레단의 코줄이기 부분에서 2코 이상은 덮어씌워 코막음하고 1코는 끝부분의 1코를 세워서 코를 줄입니다. 소매는 독일식 트위스트 코잡기(P. 40 참조)로 뜨기 시작하며 돌려뜨기로 1코고무뜨기, 멍석뜨기, 무늬뜨기E, 안메리야스뜨기로 뜹니다. 뜨개 끝부분은 덮어씌워 코막음합니다. 소매 옆선은 1코 안쪽에서 돌려뜨기로 코를 늘립니다.
◎ 마무리 … 어깨는 덮어씌워 잇습니다. 옆선, 소매 옆선은 실을 떠 올려서 잇습니다. 목둘레단과 밑단은 지정한 콧수만큼 코를 주워서 돌려뜨기로 1코고무뜨기를 원통으로 뜨고 뜨개 끝부분은 돗바늘로 꿰매서 코막음(P.43 참조)합니다. 소매는 빼뜨기로 몸판과 연결합니다.

무늬뜨기A

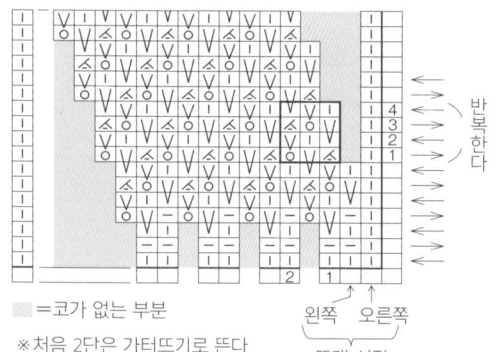

■ =코가 없는 부분

※처음 2단은 가터뜨기로 뜬다 (P.44 참조)

무늬뜨기A(벌집무늬 브리오슈뜨기) 서술형 설명
(이 작품은 이 방법으로 떴습니다)

1단(←) : 겉뜨기1코, 바로 아랫단에 바늘을 넣어서 겉뜨기1코를 반복한다.
2단(→) : 가로로 걸친 실과 함께 겉뜨기1코, 겉뜨기1코를 반복한다.
3단(←) : 바로 아랫단에 바늘을 넣어서 겉뜨기1코, 겉뜨기1코를 반복한다.
4단(→) : 겉뜨기1코, 가로로 걸친 실과 함께 겉뜨기1코를 반복한다.

POINT
벌집무늬 브리오슈는 뜨개 도안을 보면 어려워 보이지만 서술형 설명대로 뜨면 매우 쉽게 뜰 수 있으므로 서술형 설명을 읽어가며 떠보기 바랍니다.

무늬뜨기B'

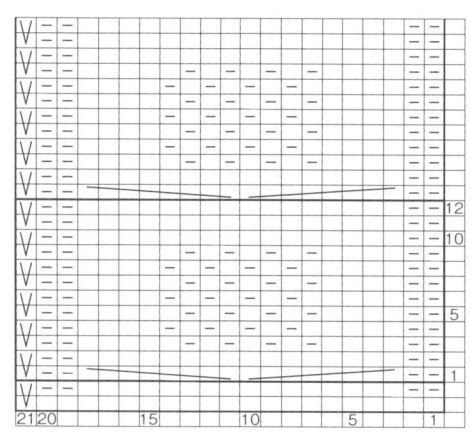

무늬뜨기B

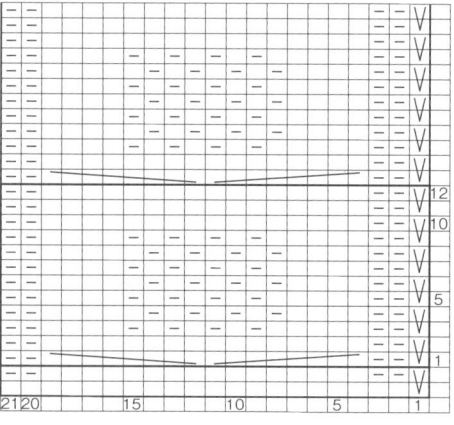

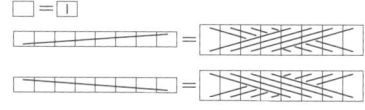

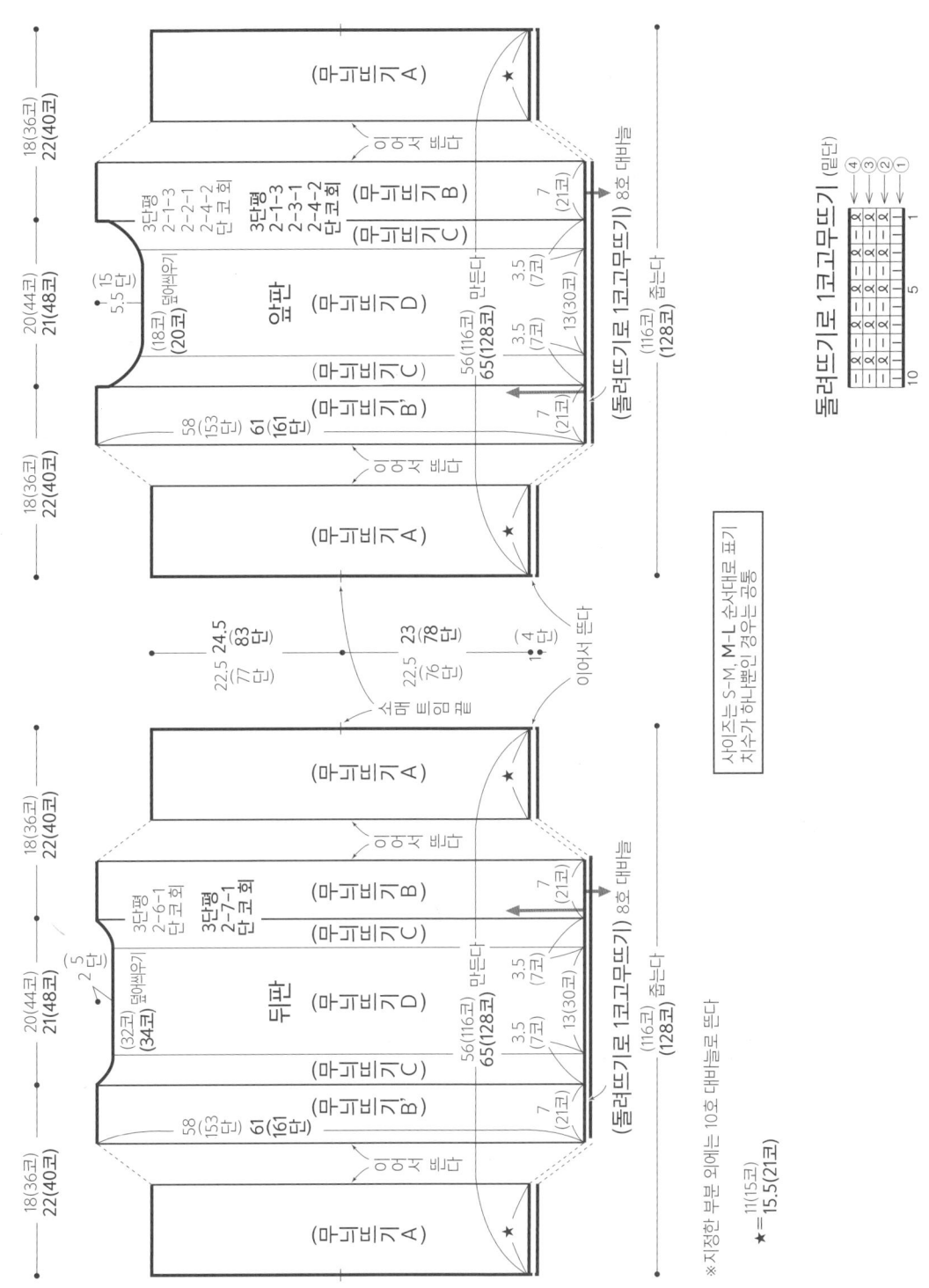

68쪽에 계속

67쪽에서 이어집니다 (작품 04)

무늬뜨기C

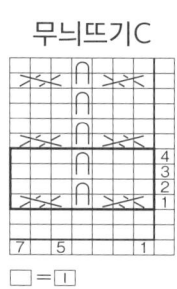

□=□

무늬뜨기D

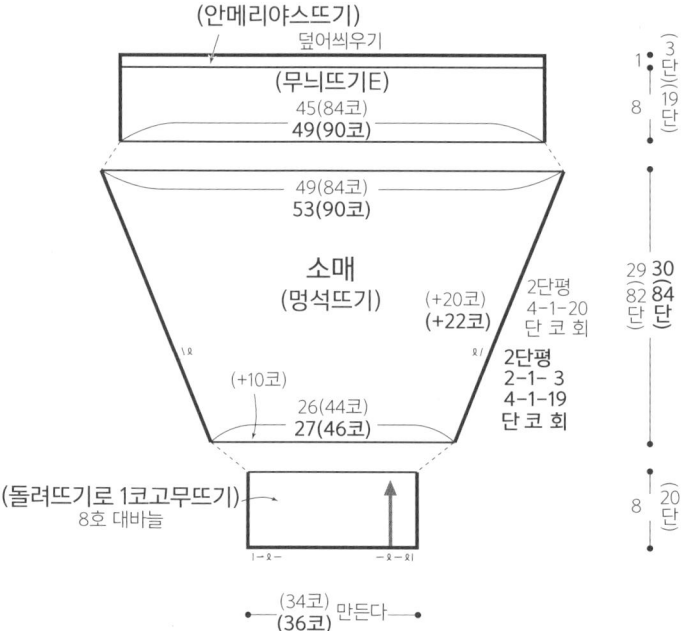

□=□

돌려뜨기로 1코고무뜨기

멍석뜨기

□=□

무늬뜨기E

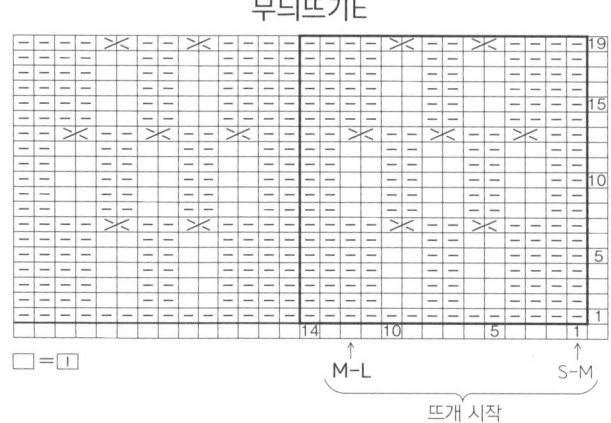

□=□

목둘레단 (돌려뜨기로 1코고무뜨기)

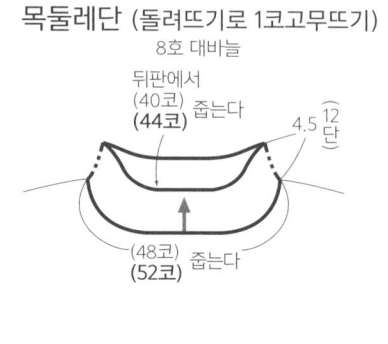

KNIT_06
레드 카디건 RED CARDIGAN

P.18

YARN
퍼피 셰틀랜드 빨간색(29) M / 470g=12볼, L / 565g=15볼
지름 19mm 단추 4개

TOOL
대바늘 6호(US 6호 4.0mm), 4호(US 4호 3.5mm)

SIZE
M / 가슴둘레 104cm, 어깨너비 35cm, 총길이 53.5cm, 소매길이 57cm
L / 가슴둘레 116.5cm, 어깨너비 39cm, 총길이 56cm, 소매길이 59cm

GAUGE
10cm×10cm 메리야스뜨기 21코 30단

HOW TO
◎ 몸판, 소매 … 몸판은 일반적인 시작코를 만들어서 뜨기 시작하며 가터뜨기, 메리야스뜨기로 뜹니다. 옆선 밑단의 곡선은 도안을 참조해서 뜹니다. 진동둘레의 코줄이기 부분에서 2코 이상은 덮어씌워 코막음하고 1코는 끝부분의 1코를 세워서 코를 줄입니다. 어깨 경사 부분은 코를 남기면서 되돌아뜨기합니다. 주머니 위치는 별도의 실로 떠 넣어서 알아보기 쉽게 표시합니다. 소매는 몸판과 같은 방법으로 뜨기 시작하며 1코고무뜨기, 메리야스뜨기로 뜹니다. 소매 옆선은 1코 안쪽에서 돌려뜨기로 코를 늘립니다.
◎ 마무리 … 주머니 위치의 별도의 실을 풀어서 코를 줍고 주머니 안쪽과 주머니 입구를 뜹니다. 주머니 입구를 안쪽으로 접어서 휘갑치기합니다. 주머니 안쪽을 몸판에 감침질해서 연결합니다. 어깨는 덮어씌워 잇고 옆선은 슬릿 끝부분부터 실을 떠 올려서 잇습니다. 소매 옆선도 실을 떠 올려서 잇습니다. 앞여밈단은 지정한 콧수만큼 코를 주워서 1코고무뜨기로 뜹니다. 오른쪽 앞여밈단에는 단춧구멍을 만듭니다. 뜨개 끝부분에서 겉코는 겉뜨기하고 안코는 안뜨기해서 덮어씌워 코막음합니다. 목둘레단은 앞여밈단과 몸판에서 코를 주워서 앞여밈단과 같은 방법으로 뜹니다. 소매는 빼뜨기로 몸판과 연결합니다. 단추를 달아서 완성합니다.

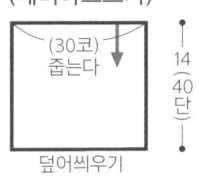

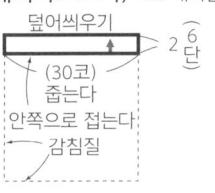

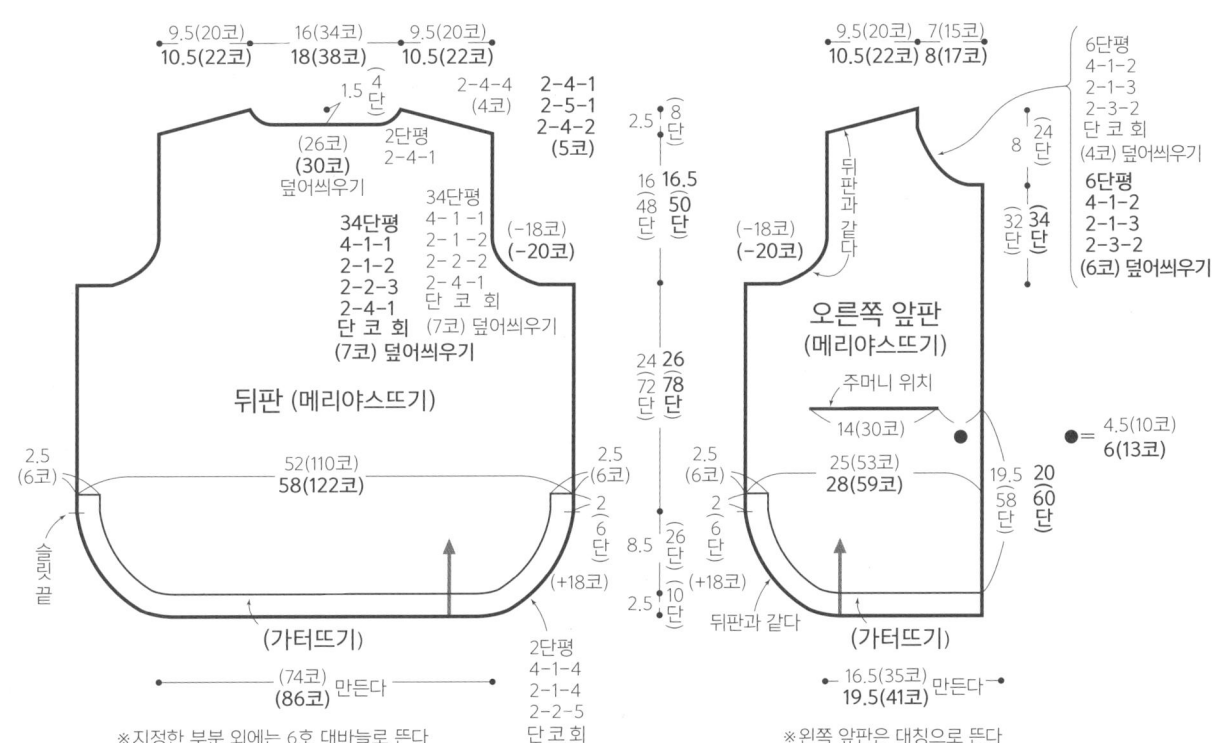

치수는 M, L 순서대로 표기
치수가 하나뿐인 경우는 공통

70쪽에 계속

69쪽에서 이어집니다 (작품 06)

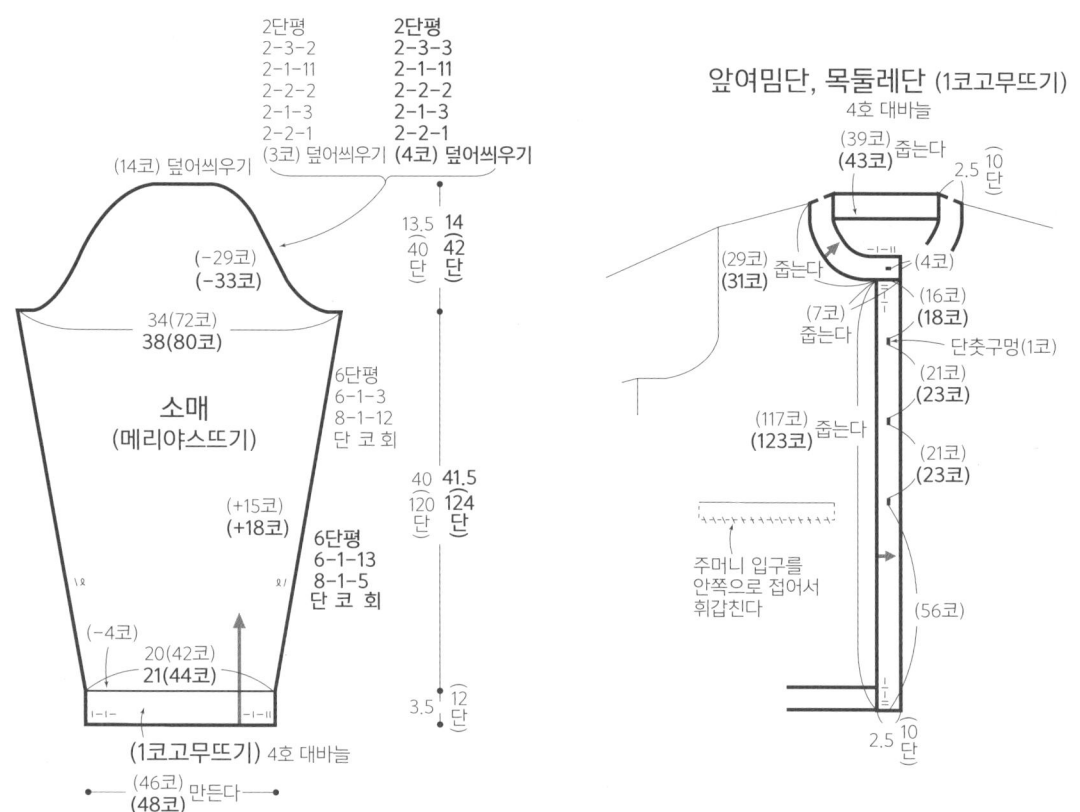

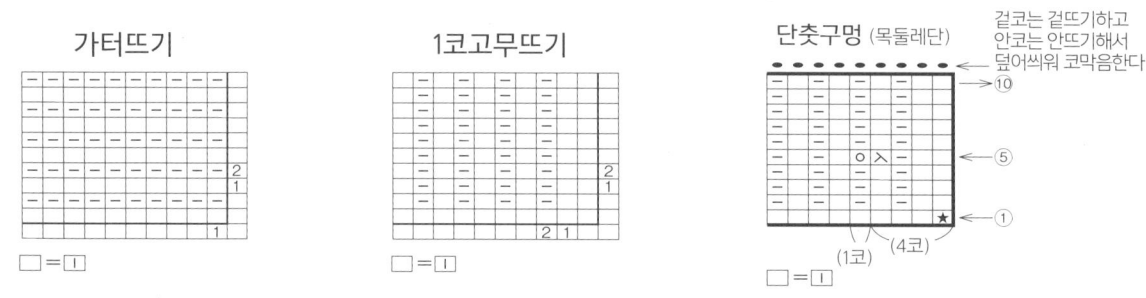

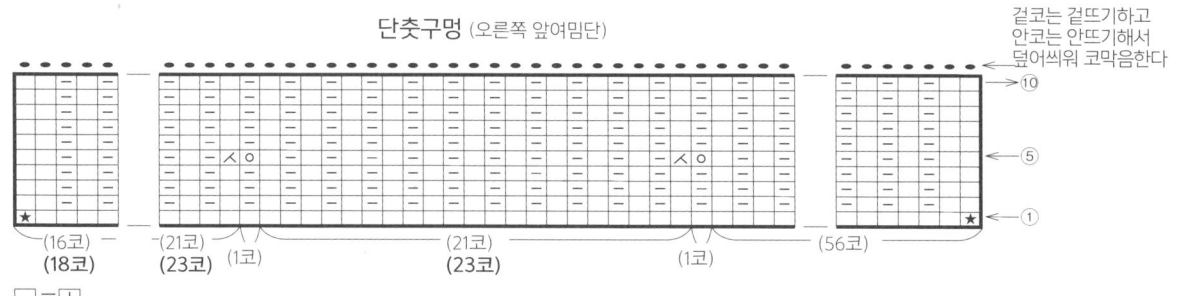

★=좌우 앞여밈단 끝부분의 코와 목둘레단 양끝의 코를 주울 때 실을 감아서 코를 늘리면 훨씬 예쁘게 완성된다

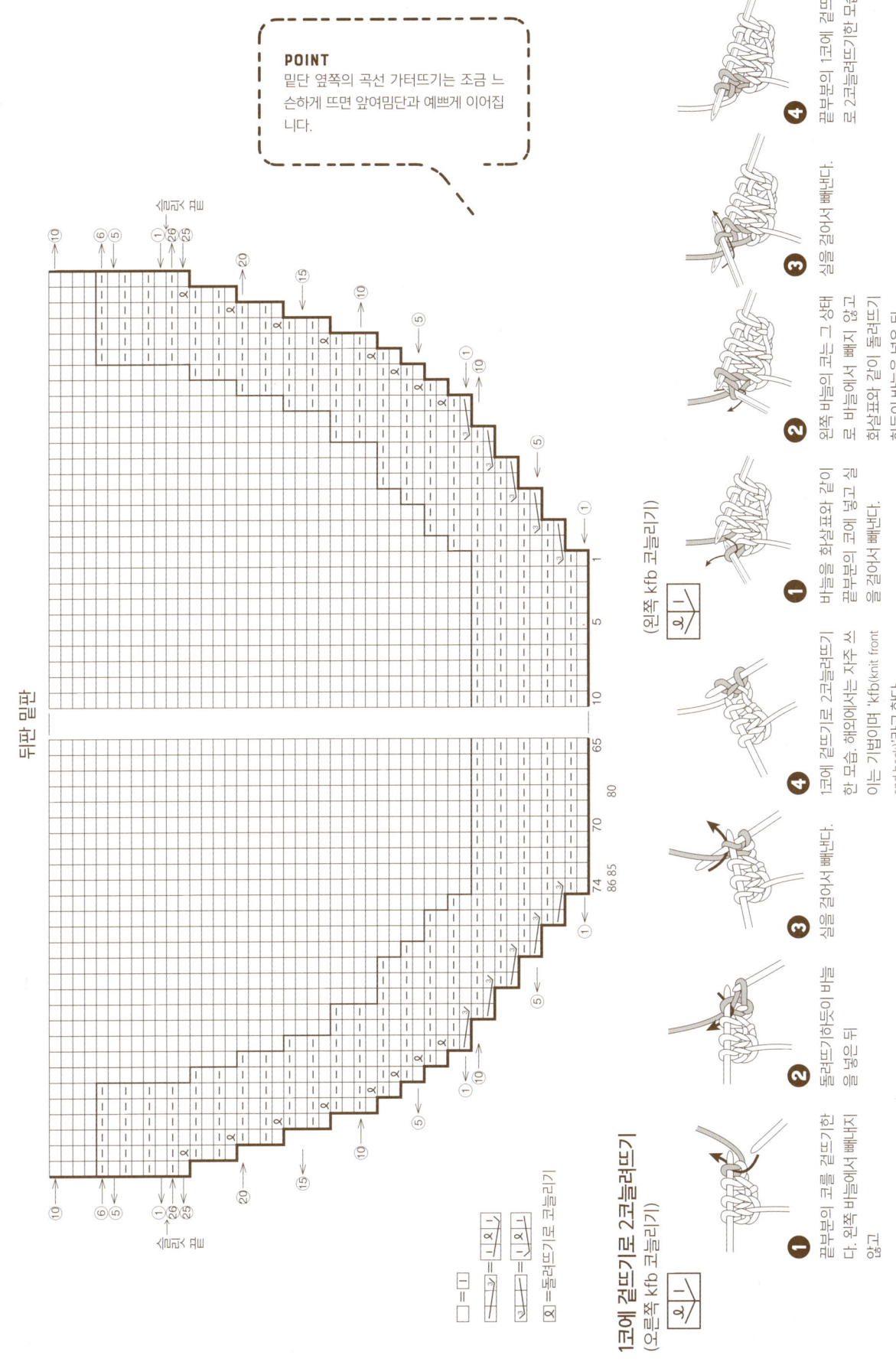

KNIT_05
그랜파 재킷 GRANDPA'S JACKET

P.14,15

YARN
M(P.14) / 이사게르 에코 소프트 진갈색(E4s)
390g=8볼(L / 510g=11볼), 지름 20mm 단추 5개
L(P.15) / 하마나카 소노모노 알파카 울 에크루(41)
845g=22볼(M / 650g=17볼), 지름 25mm 단추 5개

TOOL
대바늘 11호(US 9호 5.5mm), 9호(US 8호 5.0mm)

SIZE
M / 가슴둘레 99.5cm, 어깨너비 34cm, 총길이 62cm, 소매길이 54.5cm
L / 가슴둘레 109.5cm, 어깨너비 45cm, 총길이 67cm, 소매길이 61cm

GAUGE
M / 10cm×10cm 무늬뜨기B, 멍석뜨기 16코 26단
L / 10cm×10cm 무늬뜨기B, 멍석뜨기 16코 25단

HOW TO
◎ 몸판, 소매 … 몸판은 일반적인 시작코를 만들어서 뜨기 시작하며 뒤판은 무늬뜨기A, B, 앞판은 가터뜨기, 무늬뜨기A, B로 뜹니다. 코줄이기 부분에서 2코 이상은 덮어씌워 코막음하고 1코는 끝부분의 1코를 세워서 코를 줄입니다. 어깨 경사 부분은 코를 남기면서 되돌아뜨기합니다. 소매는 독일식 트위스트 코잡기(P.40 참조)로 뜨기 시작하며 무늬뜨기A, 멍석뜨기, 안메리야스뜨기, 메리야스뜨기로 뜹니다. 소매 옆선은 1코 안쪽에서 돌려뜨기로 코를 늘립니다.
◎ 마무리 … 어깨는 덮어씌워 잇습니다. 목둘레단은 지정한 콧수만큼 코를 주워 코를 뜨면서 되돌아뜨기하고 1코고무뜨기로 뜹니다. 뜨개 끝부분은 덮어씌워 코막음하고 안쪽으로 접어서 휘갑치기합니다. 옆선, 소매 옆선은 실을 떠 올려서 잇습니다. 주머니는 일반적인 시작코를 만들어서 뜨기 시작하며 무늬뜨기A, 메리야스뜨기, 돌려뜨기로 1코고무뜨기하고 뜨개 끝부분은 덮어씌워 코막음합니다. 소매는 빼뜨기로 몸판과 연결합니다. 단추를 달아서 완성합니다.

POINT
이사게르의 에코 소프트는 신축성이 좋은 실이므로 실을 너무 세게 잡아당기지 않도록 주의하며 뜨세요.

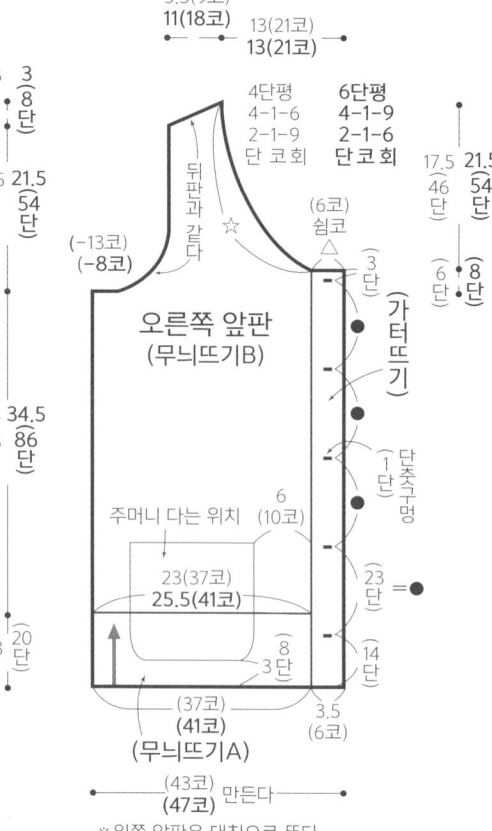

※ 치수는 M, L 순서대로 표기
치수가 하나뿐인 경우는 공통

※ 왼쪽 앞판은 대칭으로 뜨다
※ L사이즈(남성용)는 왼쪽 앞판에 단춧구멍을 뜬다
※ L사이즈는 남성용이며, 여성용으로 뜨는 경우에는 M사이즈와 같은 방법으로 오른쪽 앞판에 단춧구멍을 뜬다

무늬뜨기A

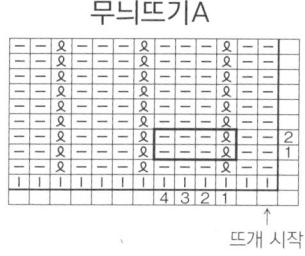

M사이즈 무늬뜨기B

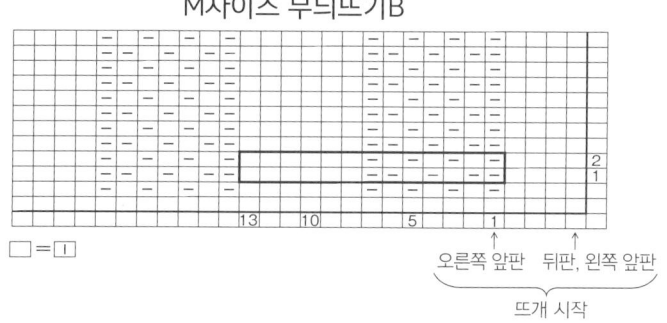

L사이즈 무늬뜨기B

단춧구멍
(M사이즈 오른쪽 앞)
(L사이즈 왼쪽 앞)

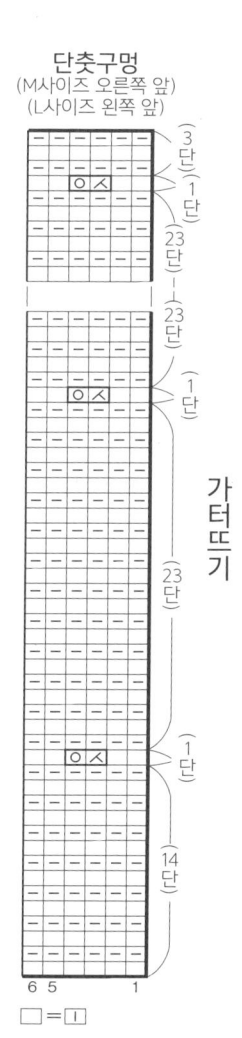

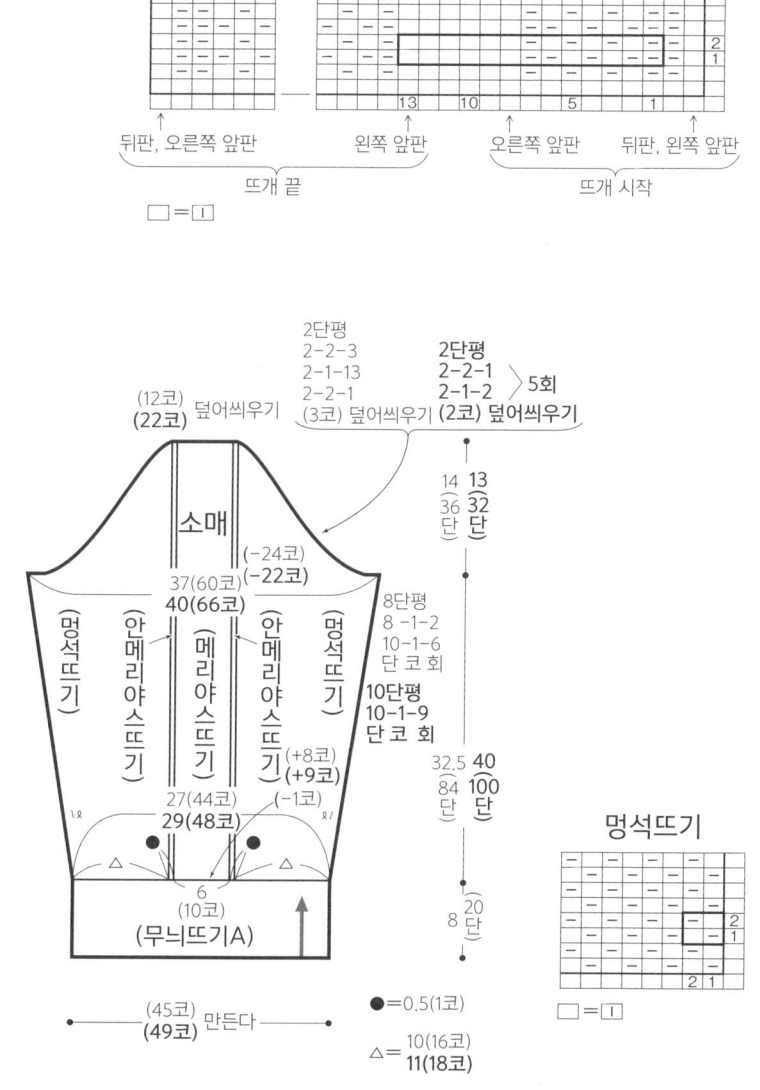

멍석뜨기

74쪽에 계속

amuhibi KNIT BOOK 73

73쪽에서 이어집니다 (작품 05)

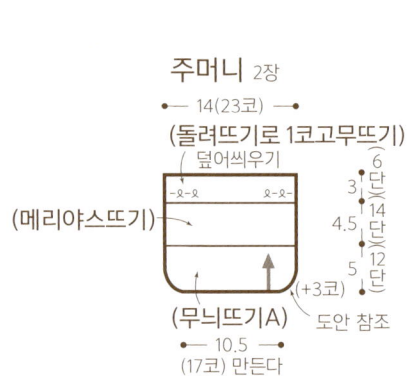

주머니 2장
- 14(23코)
- (돌려뜨기로 1코고무뜨기) 덮어씌우기
- (메리야스뜨기)
- (무늬뜨기A)
- 10.5 (17코) 만든다
- 3 / 6단
- 14
- 4.5 / 단
- 5 / 12단
- (+3코) 도안 참조

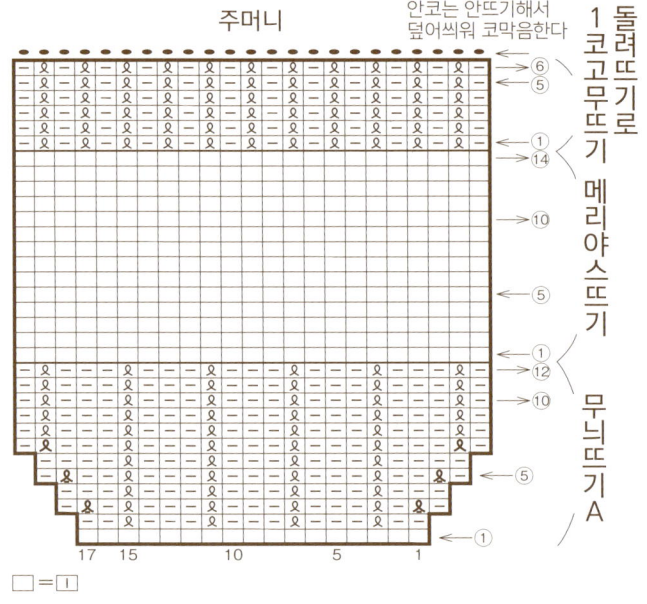

주머니

겉코는 겉뜨기하고 안코는 안뜨기해서 덮어씌워 코막음한다

돌려뜨기로 1코고무뜨기
메리야스뜨기
무늬뜨기 A

□ = │
⚇·⚈ = 돌려뜨기로 코늘리기

코를 뜨면서 되돌아뜨기
(겉뜨기의 경우)

곡선이나 사선이 되는 밑단 등을 뜰 때 사용하는 방법. 먼저 최종적으로 필요한 콧수를 뜨고 되돌려 콧수를 서서히 늘려가며 뜬다.

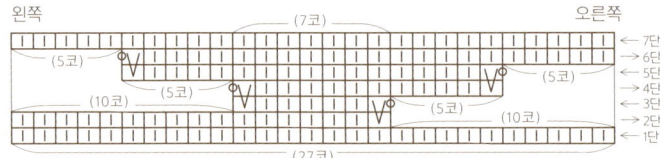

왼쪽 / 오른쪽
(7코) (5코) (5코) (5코) (5코) (10코) (10코) (27코)
1단~7단

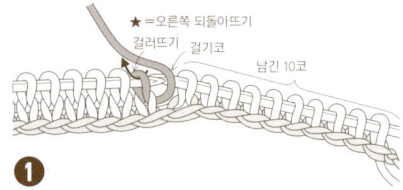

3단(겉쪽에서 뜨는 단)
★=오른쪽 되돌아뜨기
걸러뜨기 / 걸기코 / 남긴 10코

❶ 2단에서 왼쪽 바늘에 10코가 남는 부분까지 안뜨기한 뒤 뜨개바탕을 반대로 돌려 잡는다. 걸기코를 만들고 왼쪽 바늘의 1코를 걸러뜨기해서 오른쪽 바늘로 옮긴다(오른쪽 되돌아뜨기).

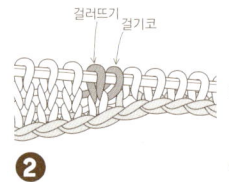

걸러뜨기 / 걸기코

❷ 계속해서 겉뜨기한 모습. 다음의 되돌아뜨기 위치까지 겉뜨기로 6코를 뜬다.

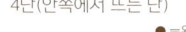

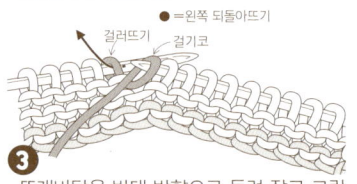

4단(안쪽에서 뜨는 단)
●=왼쪽 되돌아뜨기
걸러뜨기 / 걸기코

❸ 뜨개바탕을 반대 방향으로 돌려 잡고 그림과 같이 걸기코를 만든 뒤 왼쪽 바늘의 1코를 걸러뜨기해서 오른쪽 바늘로 옮긴다(왼쪽 되돌아뜨기).

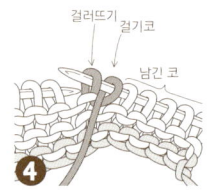

걸러뜨기 / 남긴 코

❹ 오른쪽 바늘로 옮긴 모습. 계속해서 3단의 걸기코 전까지 안뜨기한다.

뜨개코 위치를 바꾸는 방법
(안쪽에서 뜨는 단에서 처리하기)

❶ 실을 앞쪽에 놓고 오른쪽 바늘에 1, 2 순서대로 2코를 옮긴다.
❷ 왼쪽 바늘을 화살표와 같이 옮긴 2코에 넣어서 코를 다시 옮긴다.

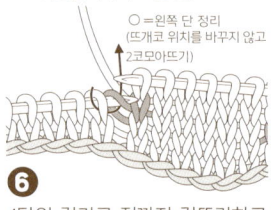

☆=오른쪽 단 정리
(뜨개코 위치를 바꾼 후 2코모아뜨기)
5코 남긴다

❺ 걸기코와 그 왼쪽 옆 코의 위치를 바꿔서 2코모아뜨기로 안뜨기한다(단 정리). 계속해서 다음의 되돌아뜨기 위치까지 안뜨기하고 ❶을 참조해서 오른쪽 되돌아뜨기를 한다.

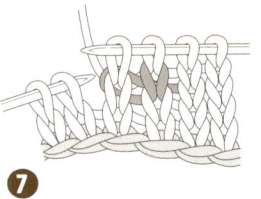

5단(겉쪽에서 뜨는 단)
○=왼쪽 단 정리
(뜨개코 위치를 바꾸지 않고 2코모아뜨기)

❻ 4단의 걸기코 전까지 겉뜨기하고 걸기코와 왼쪽 옆 코에 화살표와 같이 바늘을 넣어서 2코모아뜨기한다(단 정리).

❼ 단 정리를 한 모습. 다음의 되돌아뜨기 위치까지 겉뜨기한다. 좌우로 단 정리와 되돌아뜨기를 반복해가며 뜬다.

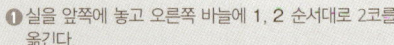

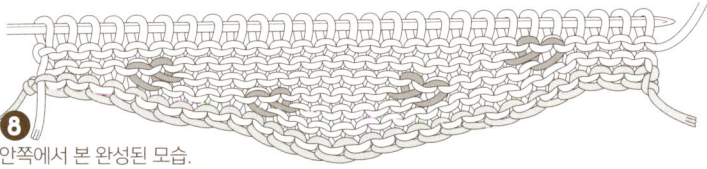

❽ 안쪽에서 본 완성된 모습.

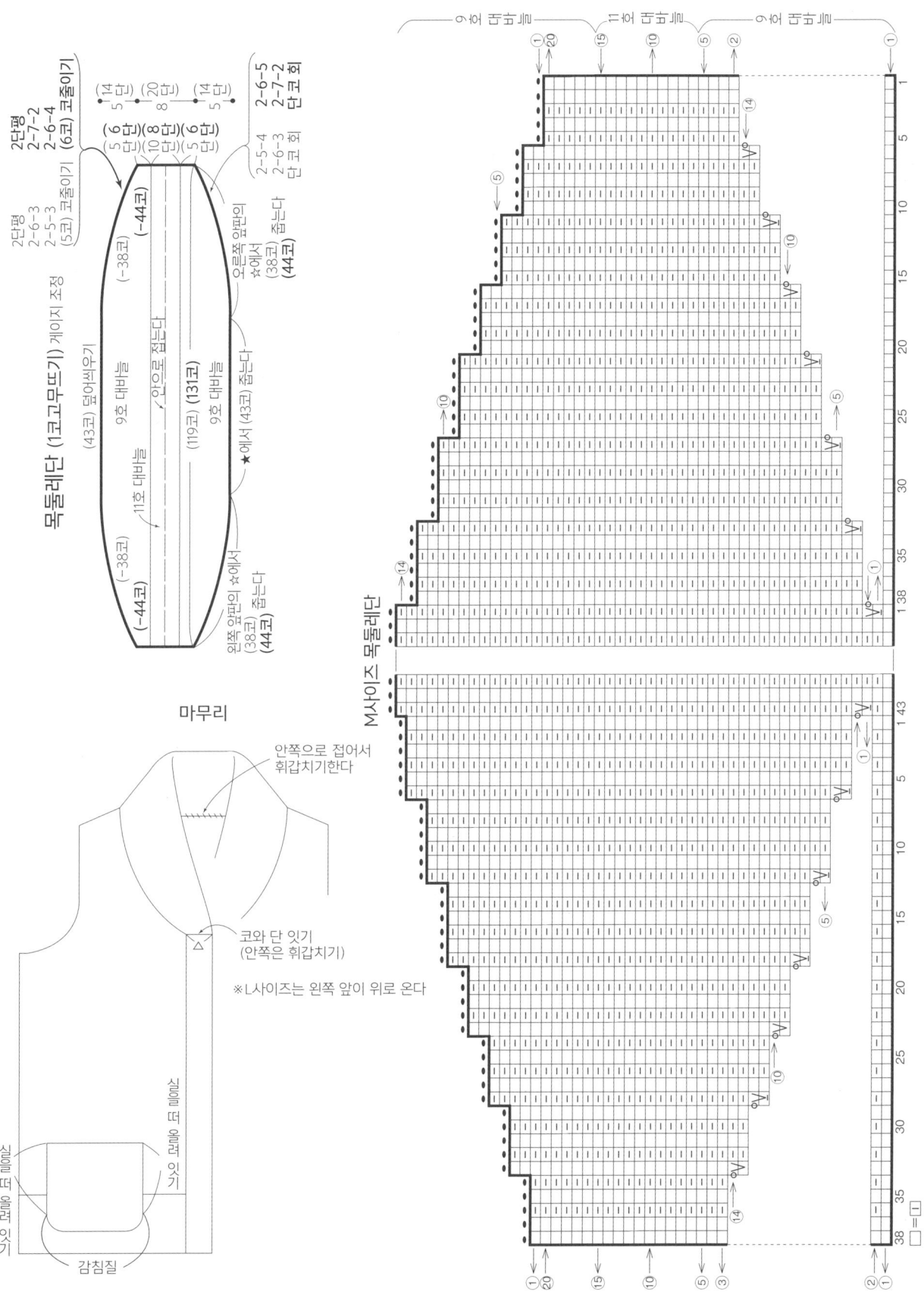

KNIT_07
후디드 롱 카디건
HOODED LONG CARDIGAN

P.20

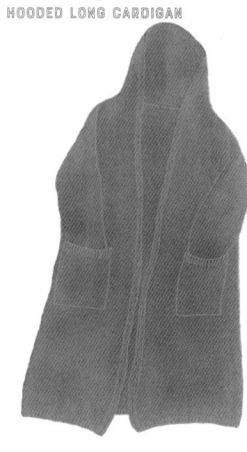

YARN
이사게르 보물린 에크루(0) M / 425g=9볼, L / 510g=11볼
로완 키드실크 헤이즈 펄(590) M / 200g=8볼, L / 240g=10볼

TOOL
대바늘 9호(US 8호 5.0mm), 8호(US 7호 4.5mm)

SIZE
M / 가슴둘레 114cm, 총길이 103.5cm, 화장 길이 69.5cm
L / 가슴둘레 126cm, 총길이 107cm, 화장 길이 71.5cm

GAUGE
10cm×10cm 메리야스뜨기 18.5코 23단

HOW TO
◎ 몸판 … 전부 지정한 실 2가닥으로 뜹니다. 독일식 트위스트 코잡기(P.40 참조)로 뜨기 시작하며 1코 고무뜨기, 메리야스뜨기로 뜹니다. 옆선은 끝부분의 2코를 세워서 코를 줄입니다.
◎ 마무리 … 어깨는 걸어 빼어 잇습니다. 소매는 몸판에서 코를 주워서 메리야스뜨기, 1코고무뜨기로 뜹니다. 뜨개 끝부분은 덮어씌워 코막음합니다. 옆선, 소매 옆선은 실을 떠 올려서 잇습니다. 앞판과 뒤판에서 코를 주워 콧수를 증감해가며 후드를 뜹니다. 뜨개 끝부분은 걸어 빼어 잇습니다. 주머니는 일반적인 시작코를 만들어서 뜨기 시작하며 메리야스뜨기, 1코고무뜨기로 뜨고 뜨개 끝부분을 덮어씌워 코막음합니다. 앞판의 지정한 위치에 옆선은 실을 떠 올려서 잇고 아래쪽은 감침질합니다.

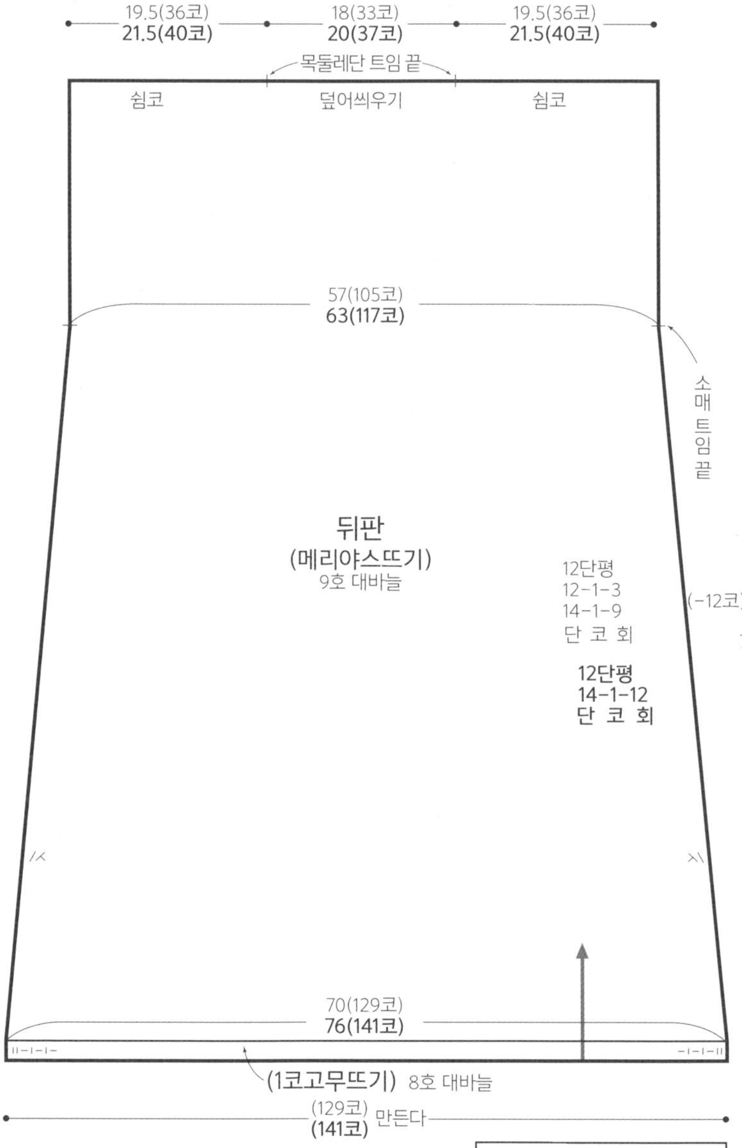

※전부 보물린과 키드실크 헤이즈를 1가닥씩 겹쳐서 뜬다

치수는 M, L 순서대로 표기
치수가 하나뿐인 경우는 공통

※왼쪽 앞판은 대칭으로 뜬다

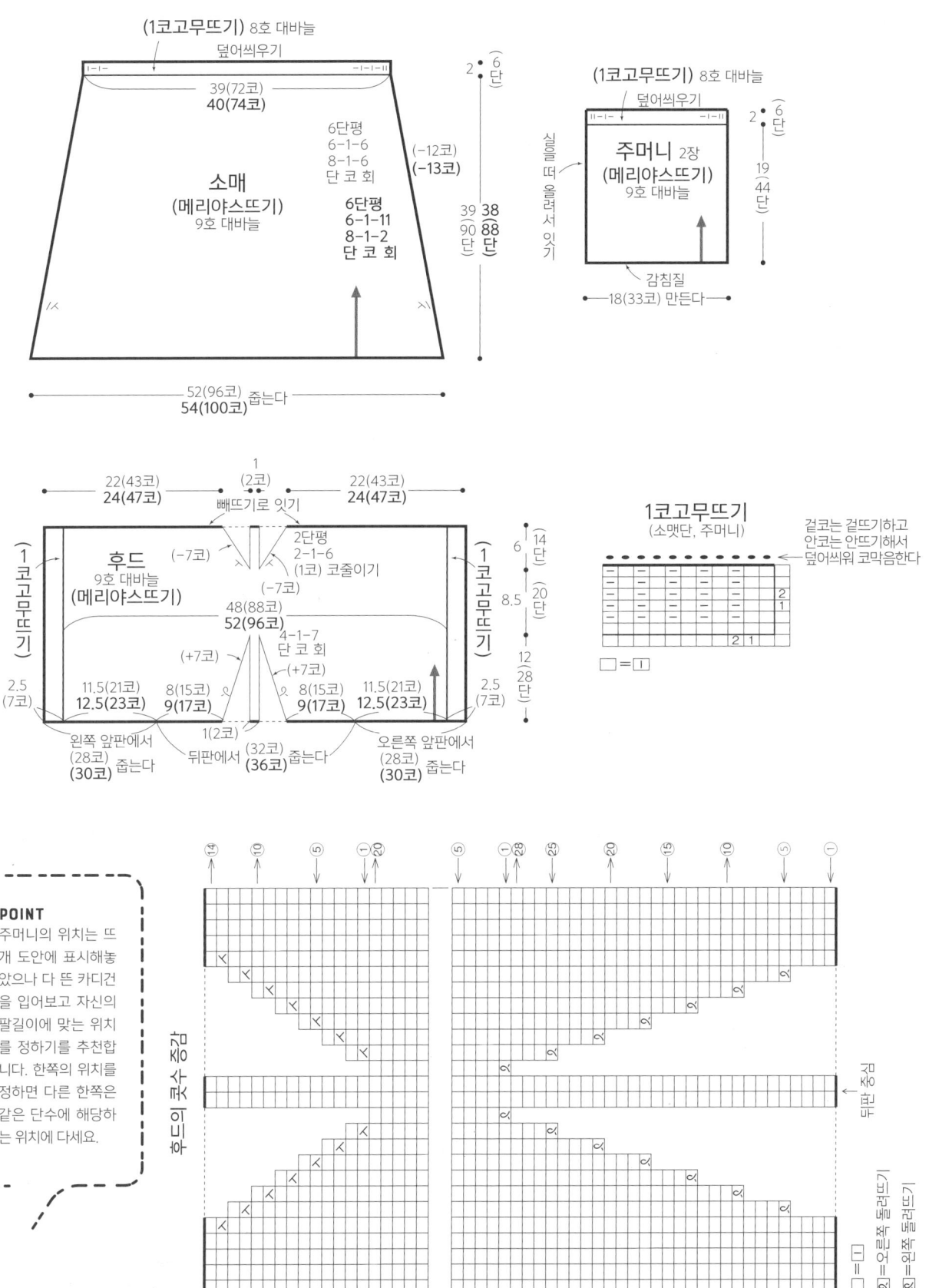

KNIT_08
다이아몬드 베스트
DIAMOND VEST

P.22

YARN
사용한 실: 모미노키 얀 저먼 메리노 라이트 스모키 옐로 S-M / 240g=3타래, L / 280g=3타래
대체 실: 퍼피 브리티시 에로이카 샌드베이지(200) M / 470g=10볼, L / 565g=12볼
지름 10mm 단추 7개

TOOL
대바늘 4호(US 4호 3.5mm), 2호(US 2호 2.75mm)

SIZE
S-M / 가슴둘레 100cm, 어깨너비 38cm, 총길이 54cm
M-L / 가슴둘레 116cm, 어깨너비 43cm, 총길이 56.5cm

GAUGE
10cm×10cm 무늬뜨기 26.5코 38단

HOW TO
◎ 몸판 … 독일식 트위스트 코잡기(P.40 참조)로 뜨기 시작하며 1코고무뜨기, 무늬뜨기로 뜹니다. 코줄이기 부분에서 2코 이상은 덮어씌워 코막음하고 1코는 끝부분의 1코를 세워서 코를 줄입니다. 어깨 경사 부분은 코를 남기면서 되돌아뜨기합니다.

◎ 마무리 … 어깨는 덮어씌워 잇습니다. 목둘레단은 지정한 콧수만큼 코를 주워서 1코고무뜨기로 뜨고 뜨개 끝부분에서 겉코는 겉뜨기하고 안코는 안뜨기해서 덮어씌워 코막음합니다. 목둘레단의 끝부분에서 위쪽은 앞판과 코와 단 잇기로 연결하고 아래쪽은 안쪽에서 휘갑치기합니다. 몸판의 옆선은 실을 떠올려서 잇습니다. 진동둘레는 1코고무뜨기하고 뜨개 끝부분을 덮어씌워 코막음합니다. 왼쪽 목둘레단에 단추를 답니다.

POINT
앞여밈단이 겹치는 부분을 휘갑치기할 때 실을 갈라서(털실의 꼬임을 풀어서 1가닥으로 만든다) 사용하면 두꺼워지지 않아서 깔끔하게 휘갑칠 수 있습니다. 단추를 달 때도 마찬가지로 실을 갈라서 사용하는 것을 추천합니다.

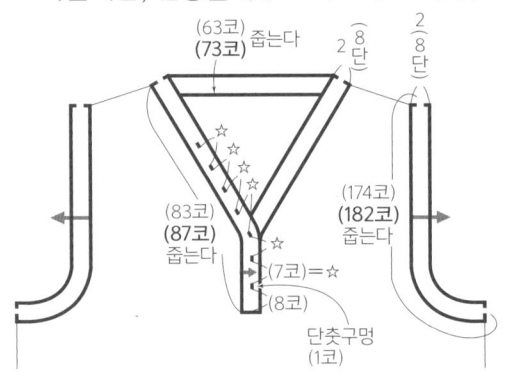

목둘레단, 진동둘레 (1코고무뜨기) 2호 대바늘

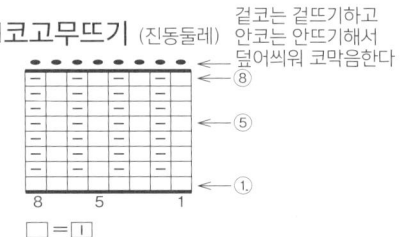

1코고무뜨기 (진동둘레)

겉코는 겉뜨기하고 안코는 안뜨기해서 덮어씌워 코막음한다

□ = ①

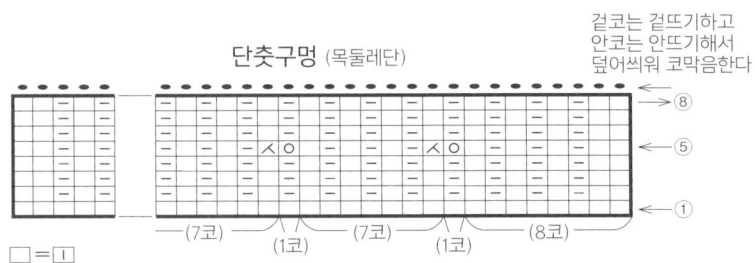

단춧구멍 (목둘레단)

겉코는 겉뜨기하고 안코는 안뜨기해서 덮어씌워 코막음한다

□ = ①

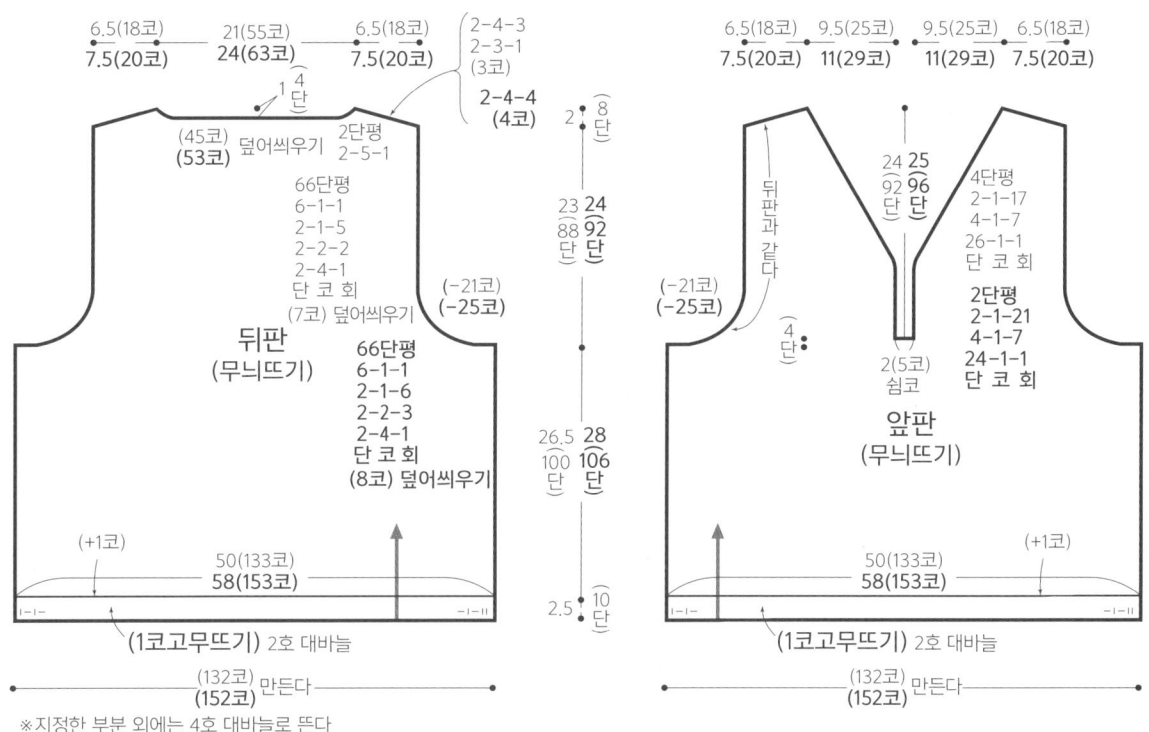

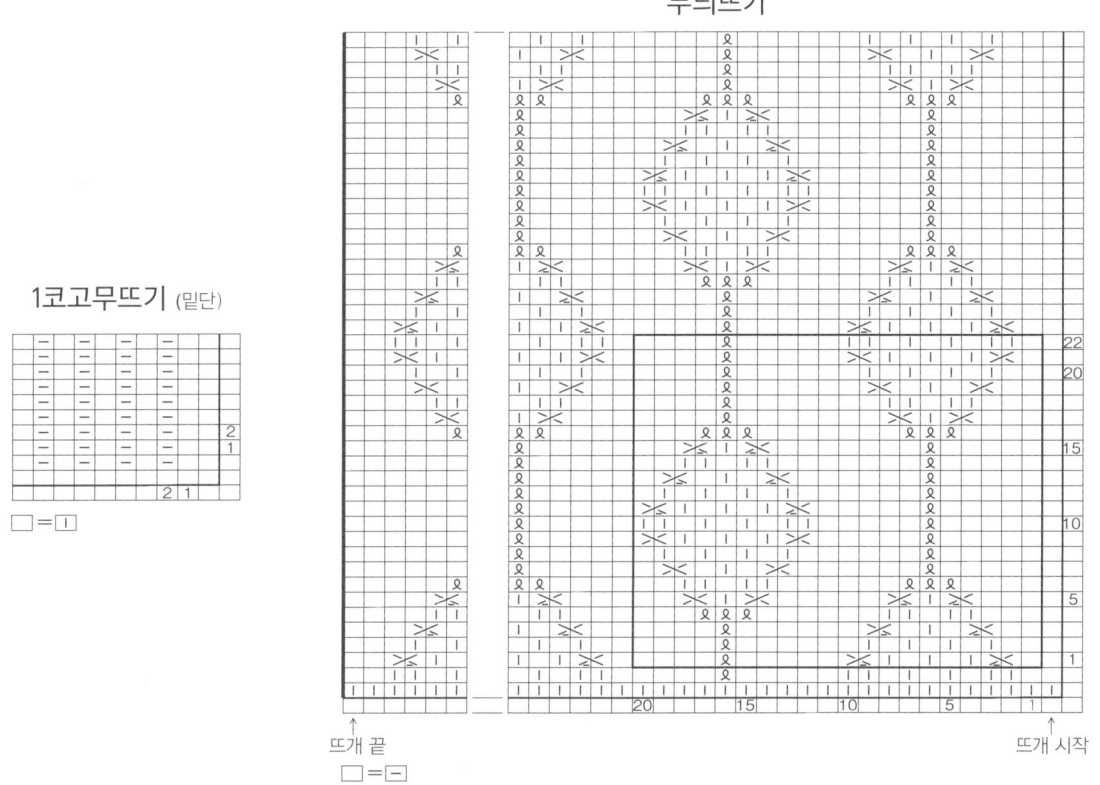

KNIT_09
케이블 & 카노코
CABLE & KANOKO

YARN
S-M(P.24) / 로완 브러시드 플리스 포그(271)
390g=8볼 (L / 410g=9볼)
L(P.25) / 하마나카 아메리 엘 극태사 겨자색(103)
740g=19볼 (M / 720g=18볼)

TOOL
대바늘 13호(US 10호 6.0mm), 11호(US 9호 5.5mm)

SIZE
S-M / 가슴둘레 112cm, 총길이 56cm, 화장 길이 73cm
L / 가슴둘레 124cm, 총길이 56.5cm, 화장 길이 72.5cm

GAUGE
S-M / 10cm×10cm 무늬뜨기 20코 20단, 멍석뜨기 14코 20단
L / 10cm×10cm 무늬뜨기 20코 21단, 멍석뜨기 14코 21단

HOW TO
◎ 몸판, 소매 … 일반적인 시작코를 만들어서 뜨기 시작하며 멍석뜨기, 끌어올려뜨기, 무늬뜨기로 뜹니다. 래글런선은 끝부분의 2코를 세워서 코를 줄입니다. 소매 옆선은 1코 안쪽에서 돌려뜨기로 코를 늘립니다.

◎ 마무리 … 어깨는 덮어씌워 잇습니다. 래글런선, 옆선, 소매 옆선은 실을 떠 올려서 잇고 진동 부분은 메리야스뜨기로 잇습니다. 목둘레단은 지정한 콧수만큼 코를 주워서 2코고무뜨기를 원통으로 뜨고 뜨개 끝부분에서 겉코는 겉뜨기하고 안코는 안뜨기해서 덮어씌워 코막음합니다.

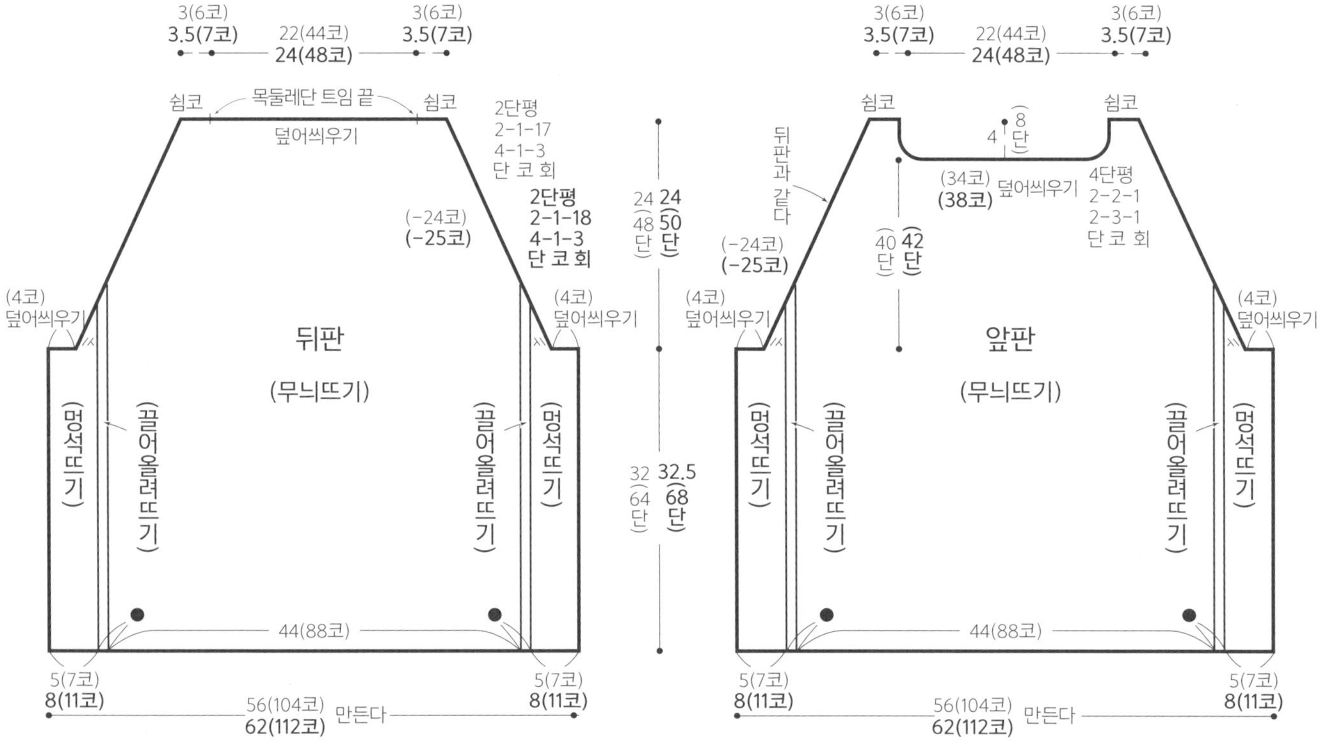

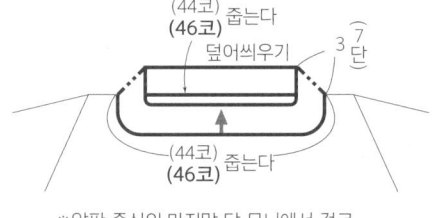

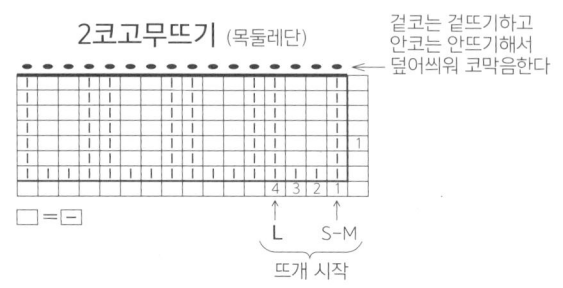

※지정한 부분 외에는 13호 대바늘로 뜨다
●=1(1코)

치수는 S-M, L 순서대로 표기
치수가 하나뿐인 경우는 공통

목둘레단 (2코고무뜨기) 11호 대바늘

※앞판 중심의 마지막 단 무늬에서 겉코, 안코가 이어지게 뜨다

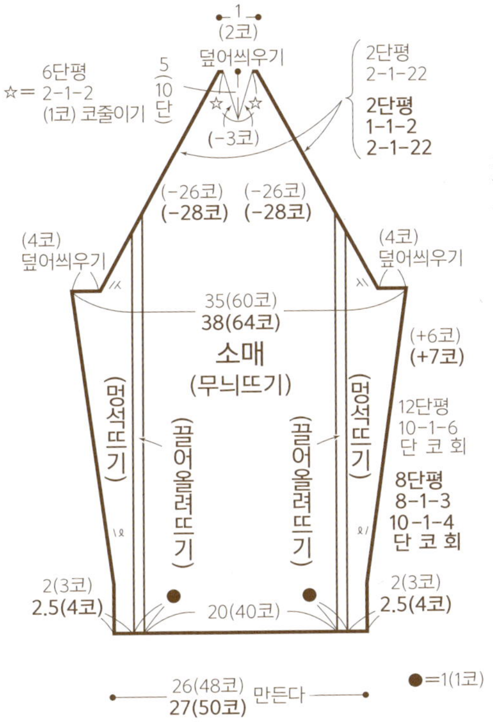
1
(2코)
덮어씌우기
6단평
☆= 2-1-2
(1코) 코줄이기
5
10
단
(-3코)
2단평
2-1-22
2단평
1-1-2
2-1-22
23
46
단
23
48
단
(-26코)
(-28코)
(-26코)
(-28코)
(4코)
덮어씌우기
(4코)
덮어씌우기
35(60코)
38(64코)
소매
(무늬뜨기)
(+6코)
(+7코)
(멍석뜨기)
(끌어올려뜨기)
(끌어올려뜨기)
(멍석뜨기)
12단평
10-1-6
단 코 회
36
72
단
34
72
단
8단평
8-1-3
10-1-4
단 코 회
2(3코)
2.5(4코)
20(40코)
2(3코)
2.5(4코)
26(48코)
27(50코)
만든다
●=1(1코)

멍석뜨기

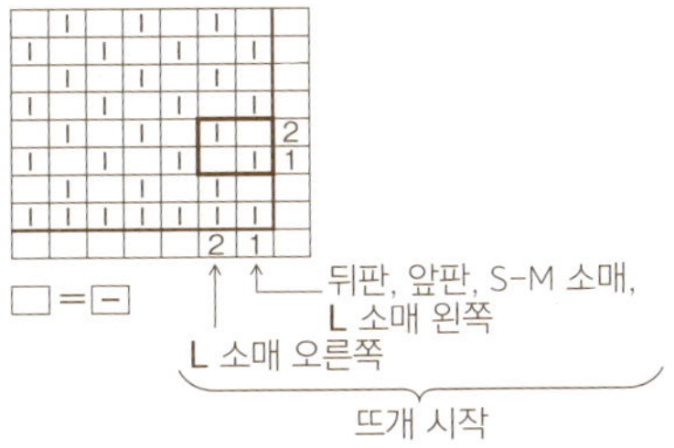
2
1
2 1
□=⊟
뒤판, 앞판, S-M 소매,
L 소매 왼쪽
L 소매 오른쪽
뜨개 시작

무늬뜨기

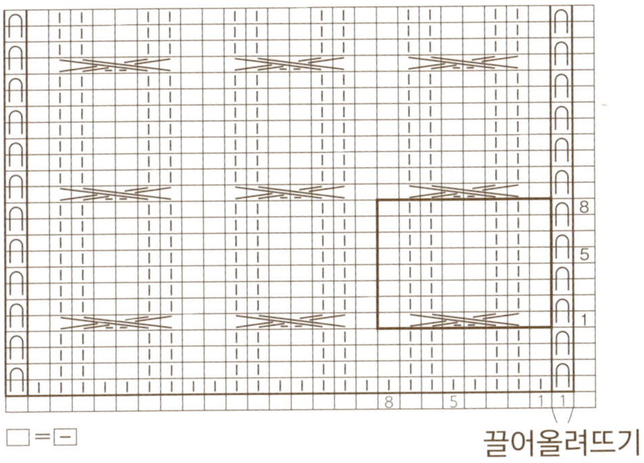
8
5
1
8
5
1
1
□=⊟
끌어올려뜨기

M사이즈 소매

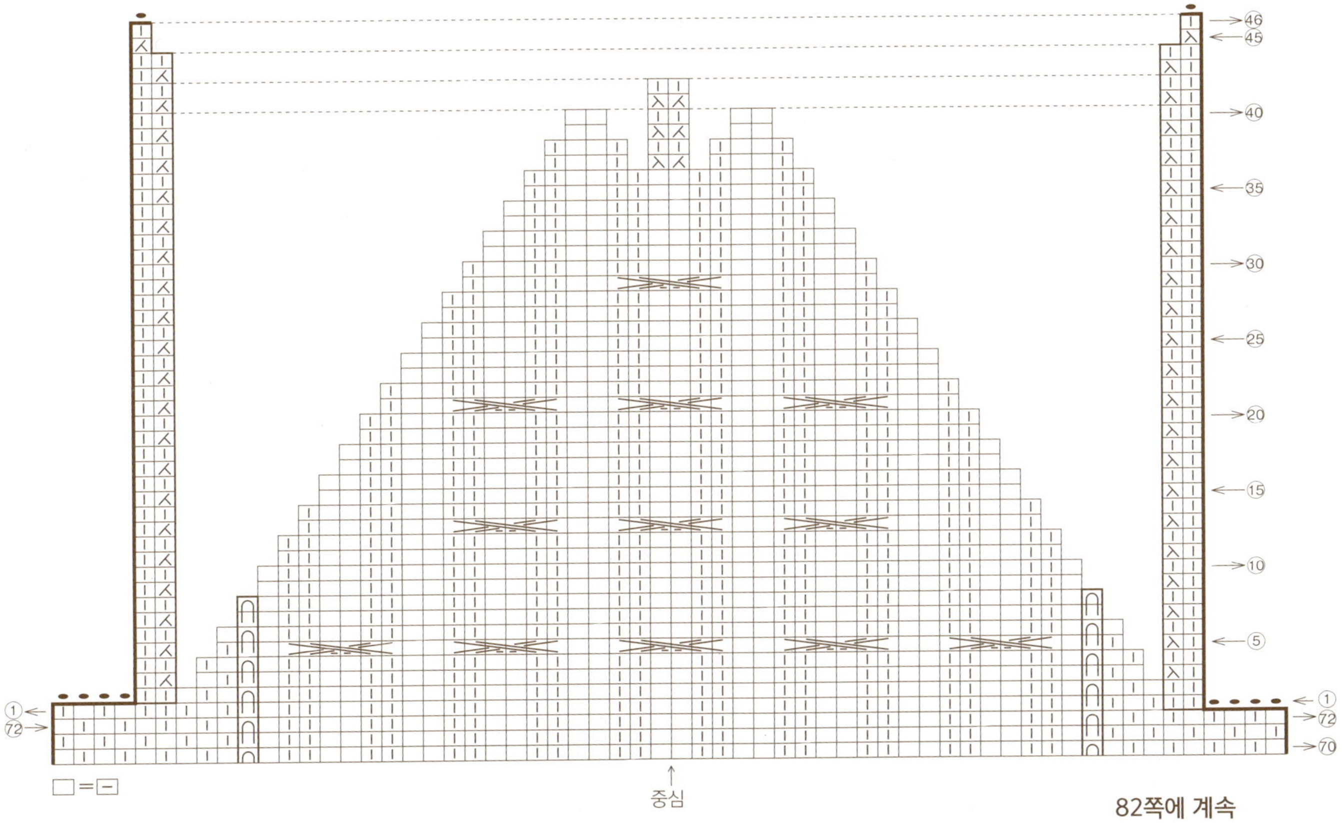
46
45
40
35
30
25
20
15
10
5
1
72
70
1
72
□=⊟
중심

82쪽에 계속

81쪽에서 이어집니다 (작품 09)

POINT
케이블 안에 안코가 있는 변형 꽈배기 무늬뜨기입니다. 실을 교차시킬 때 실을 꽉 잡아당겨서 뜨면 꽈배기무늬가 뚜렷해집니다.

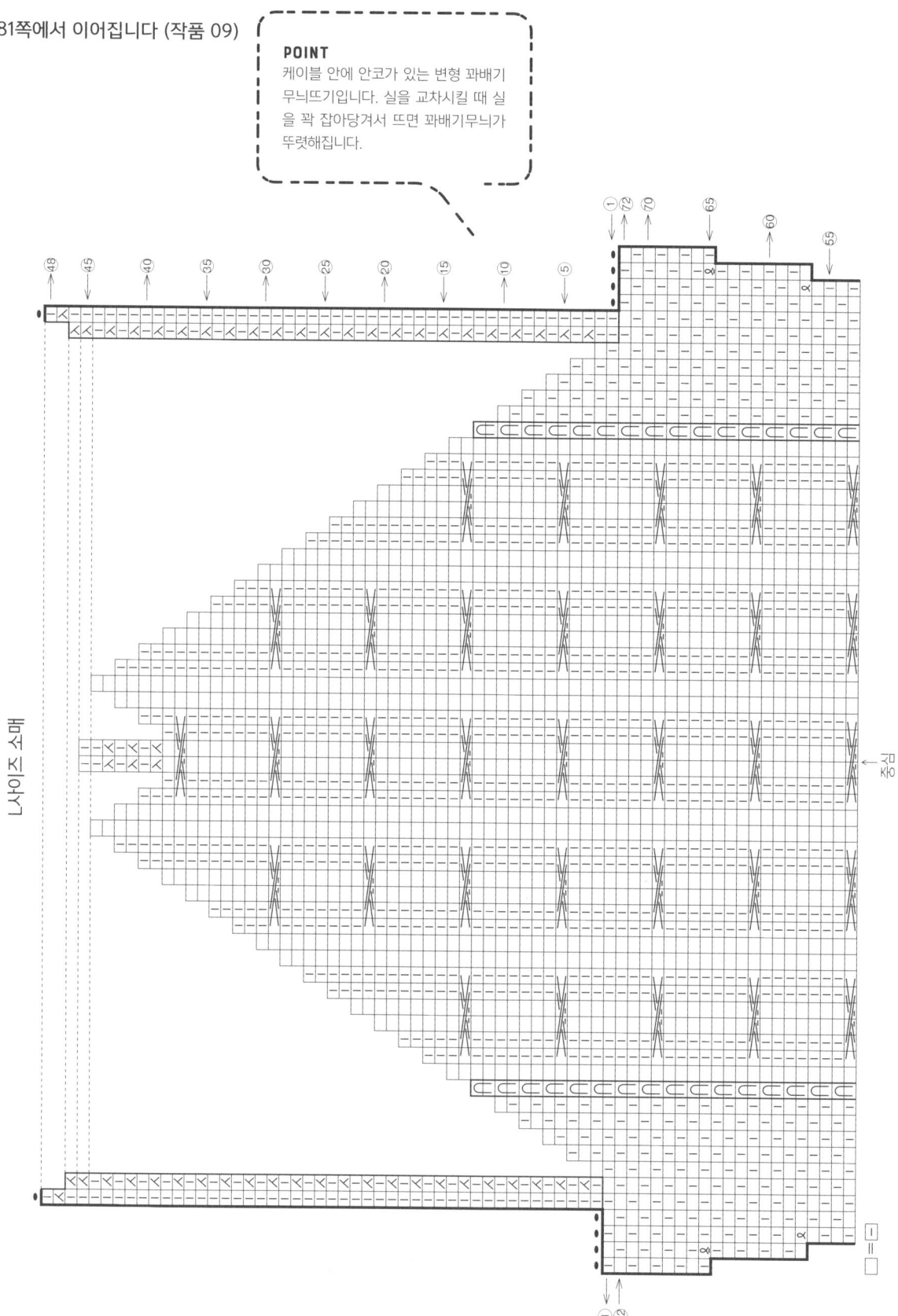

KNIT_11
티렉스 스웨터
T-REX SWEATER

P.28

YARN
사용한 실: S-M / 제이미슨 셰틀랜드 스핀드리프트 선라이즈-연지색(187) 275g=11볼, 하이랜드 미스트-푸른빛이 도는 회색(1390), 셔벗-분홍색(188), 스톰-녹색 계열 믹스(243), 페블-연회색(127), 차콜-진회색(126) 각 5g=1볼

대체 실: L / 퍼피 브리티시 파인 파란색(063) 275g=11볼, 회색(009), 주홍색(087), 갈색(037), 연갈색(024), 진회색(012) 각 5g=1볼

TOOL
대바늘 3호(US 2.5호 3mm), 1호(US 1호 2.25mm)

SIZE
S-M / 가슴둘레 102cm, 어깨너비 41cm, 총길이 54cm, 소매길이 49cm
L / 가슴둘레 116cm, 어깨너비 46cm, 총길이 57cm, 소매길이 51cm

GAUGE
10cm×10cm 메리야스뜨기, 배색무늬뜨기 모두 27코 40단

HOW TO
◎ 몸판, 소매 … 독일식 트위스트 코잡기(P.40 참조)로 뜨기 시작하며 2코고무뜨기, 메리야스뜨기, 배색무늬뜨기를 배치해서 뜹니다. 배색무늬뜨기에서 글자 부분은 가로 배색무늬뜨기, 그림 부분은 세로 배색무늬뜨기로 뜹니다. 진동둘레, 목둘레, 소매산의 코줄이기 부분에서 2코 이상은 덮어씌워 코막음하고 1코는 끝부분의 1코를 세워서 코를 줄입니다. 어깨 경사 부분은 코를 남기면서 되돌아뜨기합니다. 소매 옆선은 1코 안쪽에서 돌려뜨기로 코를 늘립니다.
◎ 마무리 … 어깨는 덮어씌워 잇습니다. 목둘레단은 지정한 콧수만큼 코를 주워서 2코고무뜨기를 원통으로 뜨고 뜨개 끝부분을 덮어씌워 코막음합니다. 옆선, 소매 옆선은 실을 떠 올려서 잇습니다. 소매는 빼뜨기로 몸판과 연결합니다.

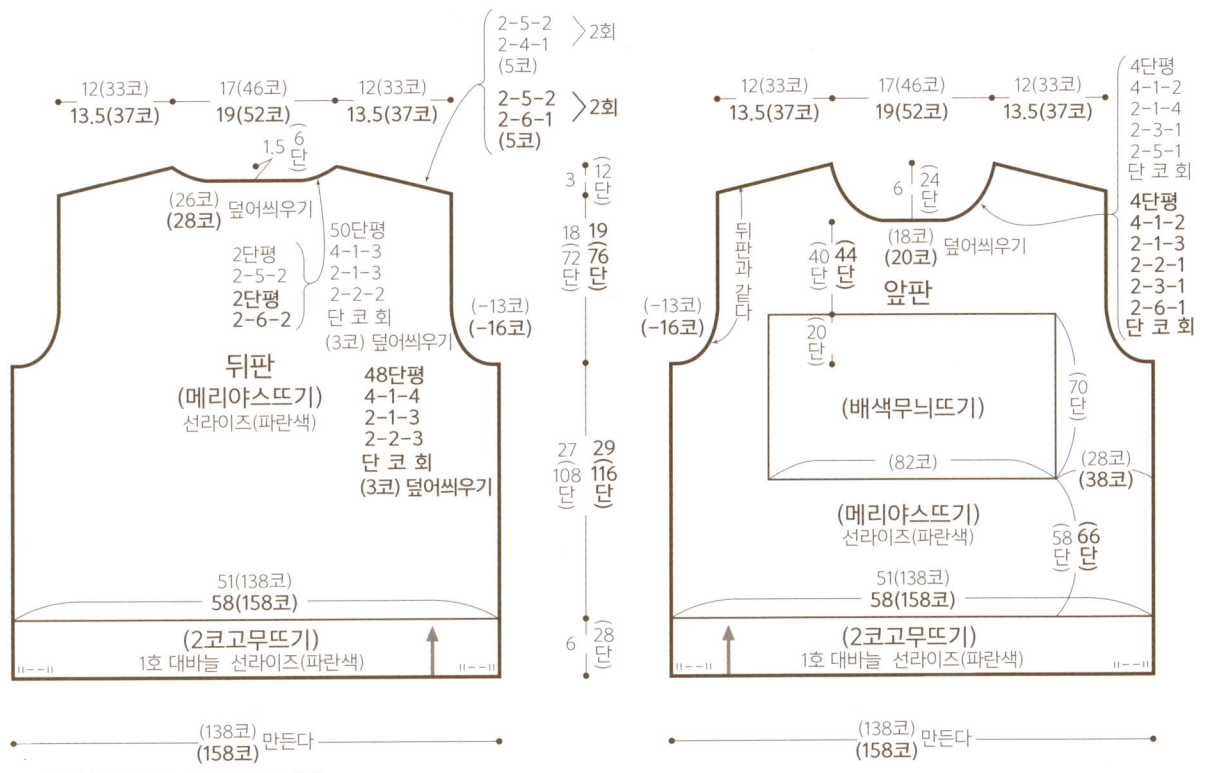

※지정한 부분 외에는 3호 대바늘로 뜬다
※지정한 색은 사용한 실(대체 실)로 표시

치수는 S-M, L 순서대로 표기
치수가 하나뿐인 경우는 공통

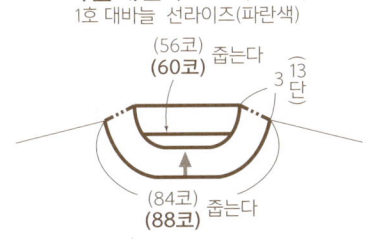

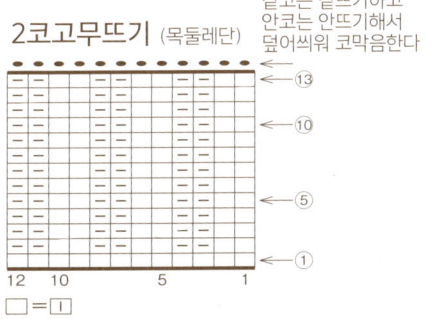

84쪽에 계속

amuhibi KNIT BOOK　83

83쪽에서 이어집니다 (작품 11)

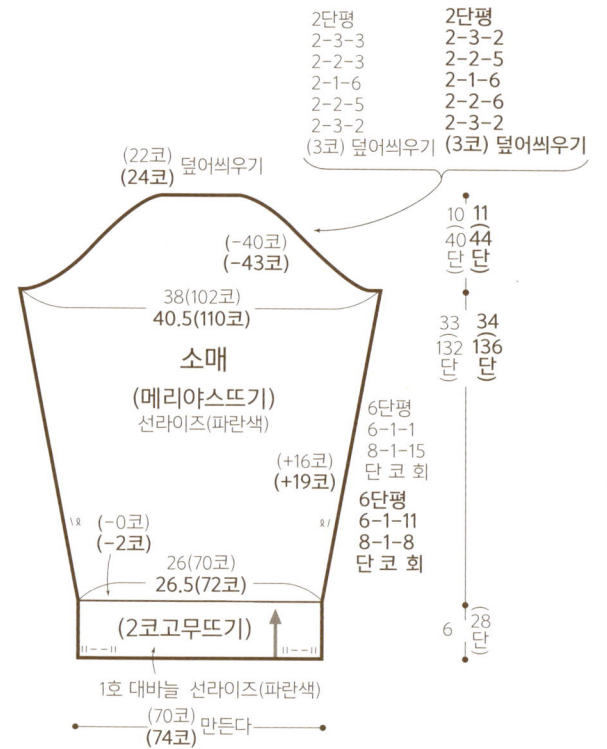

POINT
배색무늬뜨기의 경우 공룡은 '세로 배색무늬뜨기', 글자는 '가로 배색무늬뜨기'로 뜹니다.

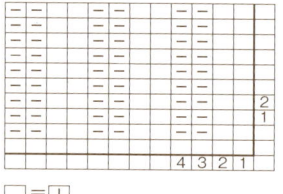
2코고무뜨기 (밑단, 소맷단)

실을 세로로 걸치는 세로 배색무늬뜨기

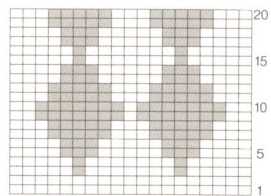

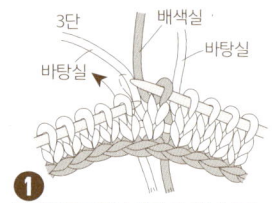
❶ 다이아몬드무늬 각각의 끝부분에서 실을 각각 대고 뜨기 시작한다.

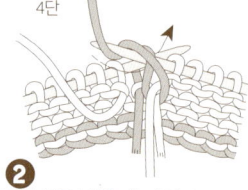
❷ 배색실로 바꿀 때 바탕실 아래쪽에서 걸쳐 교차시킨다.

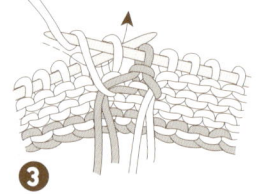
❸ 바탕실로 바꿀 때도 같은 요령으로 아래쪽에서 걸쳐 교차시킨다.

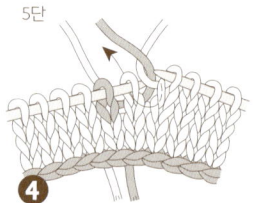
❹ 겉쪽을 보고 뜨는 단도 뜨는 실을 아래쪽에서 걸쳐 교차시킨다.

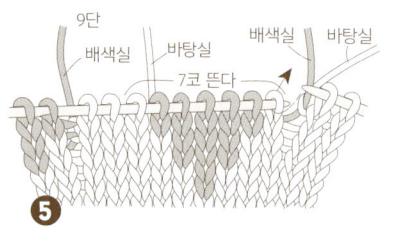
❺ 다이아몬드무늬를 만들기 위해 2단마다 겉쪽에서 무늬에 변화를 준다.

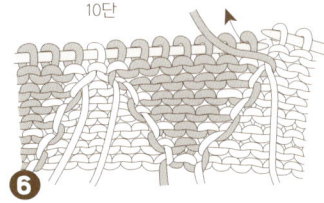
❻ 안코 쪽은 아랫단과 같은 색으로 뜬다. 색을 바꿀 때는 두 색을 교차시킨다.

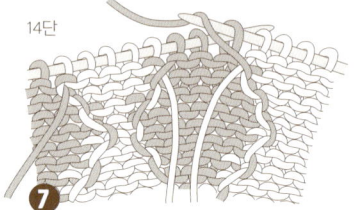
❼ 14단을 뜨는 모습. 안쪽은 이런 상태가 된다.

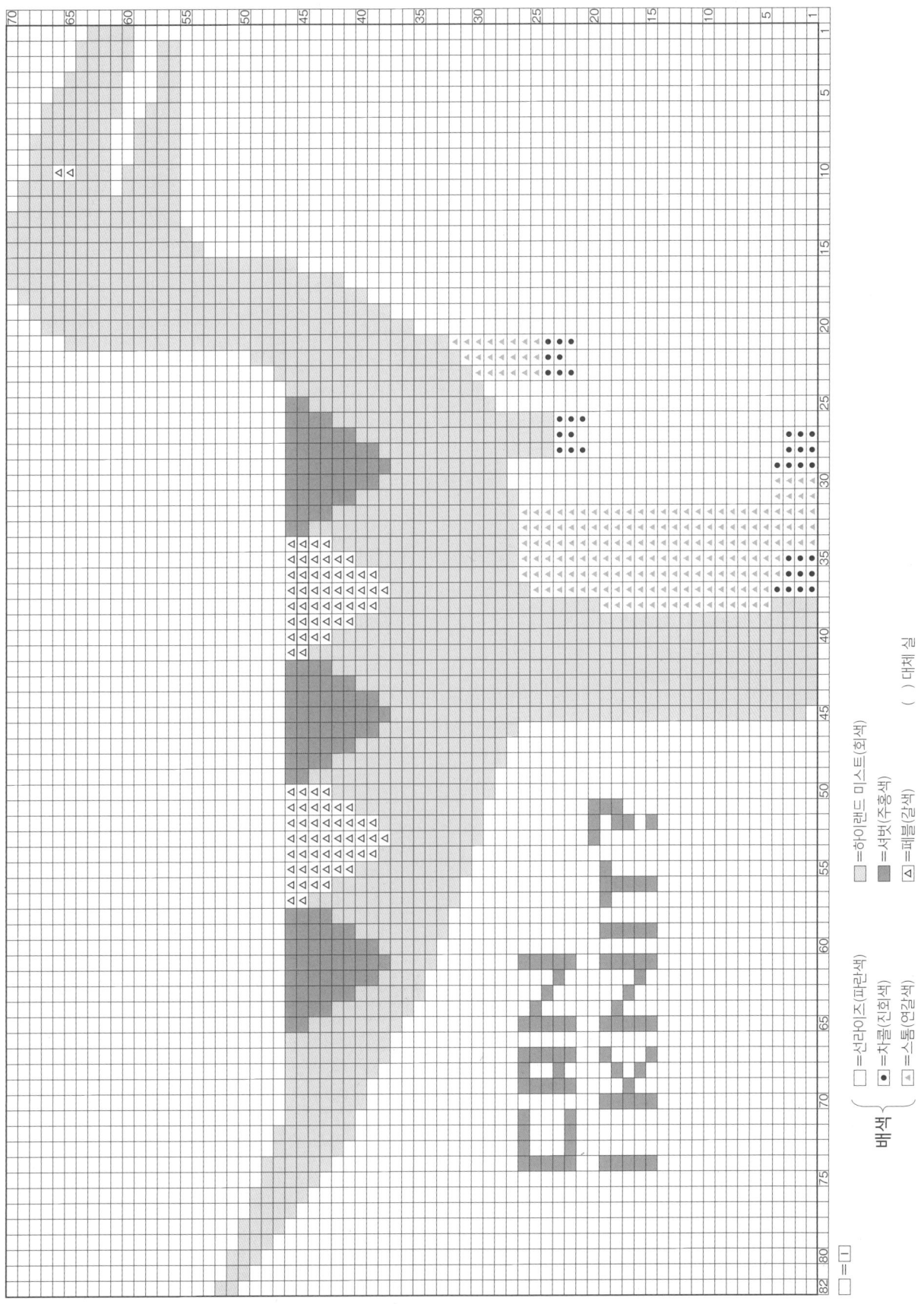

KNIT_10

오픈 사이드 베스트
OPEN SIDE VEST

P.26

YARN
나이토쇼지 라자 검은색(FJ1453) 380g=8볼

TOOL
대바늘 11호(US 9호 5.5mm), 9호(US 8호 5.0mm)

SIZE
총길이 63.5cm, 화장 길이 27cm

GAUGE
10cm×10cm 메리야스뜨기 13코 21단

HOW TO
◎ 몸판 … 실은 2가닥을 사용해서 독일식 트위스트 코잡기(P.40 참조)로 뜨기 시작하며 1코고무뜨기, 메리야스뜨기로 뜹니다. 어깨는 뒤판만 코를 남기면서 되돌아뜨기해서 어깨 경사를 만듭니다.
◎ 마무리 … 어깨는 앞판의 코를 분산 코줄이기해서 덮어씌워 잇습니다. 목둘레단은 지정한 콧수만큼 코를 주워서 1코고무뜨기하고 뜨개 끝부분에서 겉코는 겉뜨기하고 안코는 안뜨기해서 덮어씌워 코막음합니다. 목둘레단의 끝부분에서 위쪽은 앞판과 코와 단 잇기로 연결하고 아래쪽은 안쪽에서 휘갑치기합니다. 고리는 일반적인 시작코를 만들어서 메리야스뜨기하고 뜨개 끝부분을 덮어씌워 코막음합니다. 몸판 4군데의 안쪽에 감침질합니다. 끈은 고리와 같은 방법으로 시작코를 만들어서 1코고무뜨기하고 뜨개 끝부분을 덮어씌워 코막음합니다. 끝을 고리에 끼워서 묶습니다.

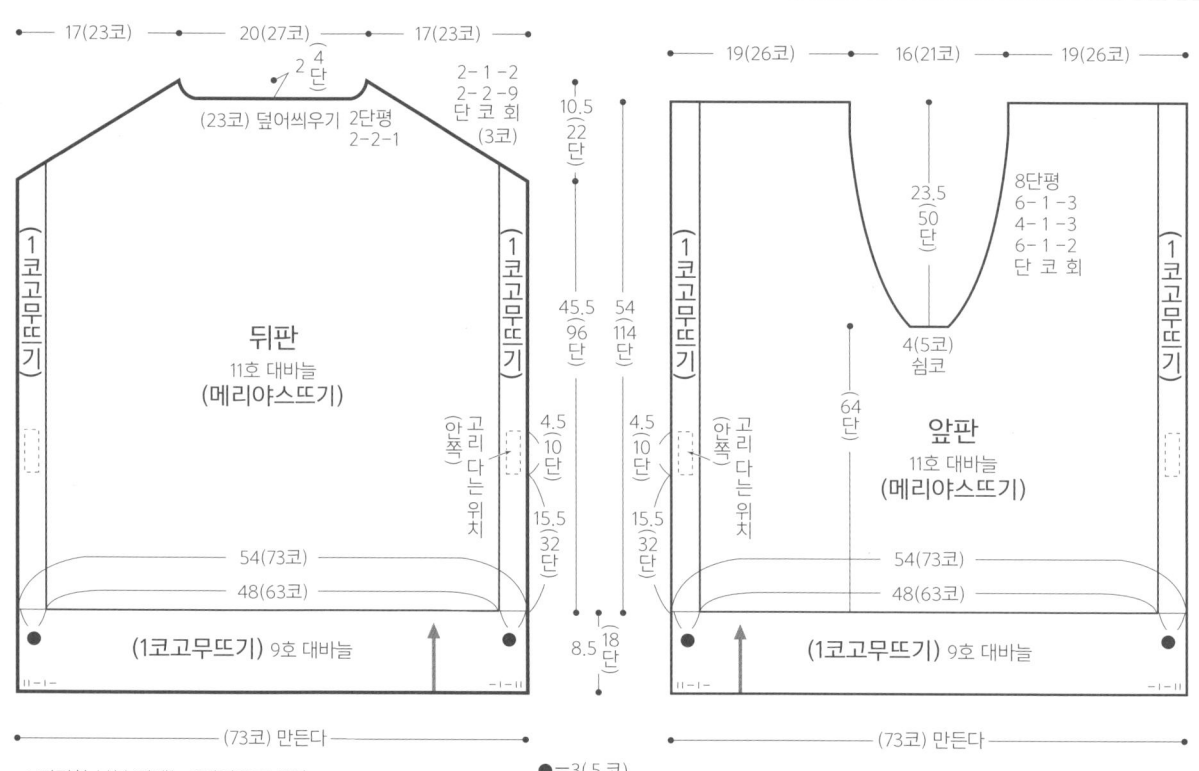

※ 지정한 부분 외에는 2가닥으로 뜬다

● = 3(5 코)

목둘레단 (1코고무뜨기) 9호 대바늘

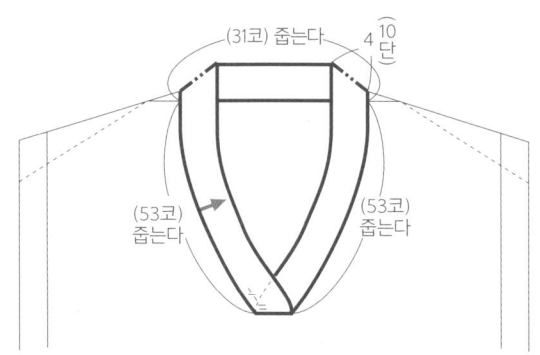

1코고무뜨기

□ = ─

POINT
오버사이즈 조끼를 부피감 있는 실로 뜨는데 어깨가 넓어 보이지 않도록 앞판에서 어깨를 감싸듯이 해서 뒤판과 연결합니다. 이렇게 하면 뒤쪽이 내려가서 스타일리시하게 입을 수 있습니다. 어깨 앞뒤의 콧수가 다르니 연결할 때 분산 코줄이기를 하세요.

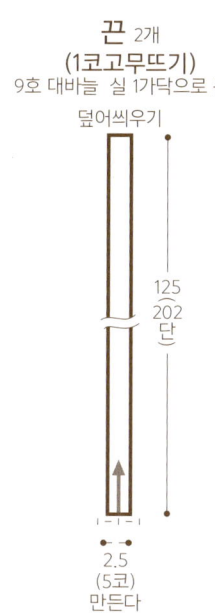

끈 2개
(1코고무뜨기)
9호 대바늘 실 1가닥으로 뜬다

덮어씌우기

125
202단

2.5
(5코)
만든다

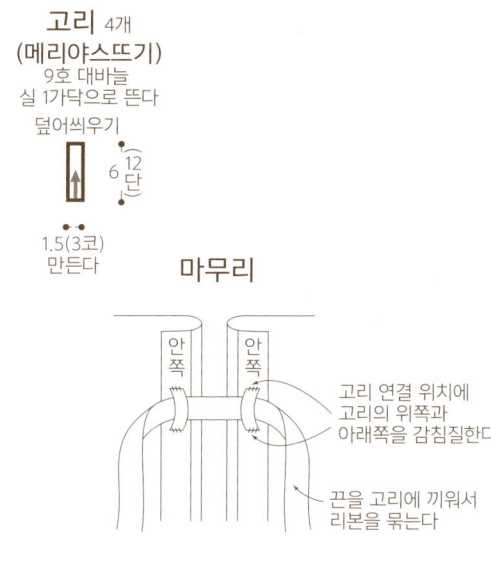

고리 4개
(메리야스뜨기)
9호 대바늘
실 1가닥으로 뜬다

덮어씌우기

6 12단

1.5(3코)
만든다

마무리

안쪽 | 안쪽

고리 연결 위치에 고리의 위쪽과 아래쪽을 감침질한다

끈을 고리에 끼워서 리본을 묶는다

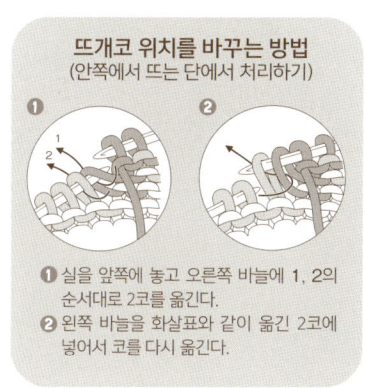

뜨개코 위치를 바꾸는 방법
(안쪽에서 뜨는 단에서 처리하기)

❶ 실을 앞쪽에 놓고 오른쪽 바늘에 1, 2의 순서대로 2코를 옮긴다.
❷ 왼쪽 바늘을 화살표와 같이 옮긴 2코에 넣어서 코를 다시 옮긴다.

코를 남기면서 되돌아뜨기
(겉뜨기의 경우)

어깨 경사 등에 사용하는 방법으로, 경사뜨기라고도 합니다. 2단마다 뜨개코를 남기고 되돌아가며 뜹니다. 필요한 횟수만큼 되돌아뜨기하고 나면 마지막에 단 정리를 해서 단차를 조절합니다.

오른쪽

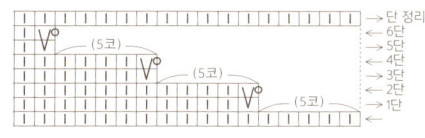

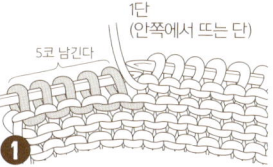

1단
(안쪽에서 뜨는 단)
5코 남긴다

❶ 첫 번째 되돌아뜨기. 안쪽 단 끝에서 왼쪽 바늘에 5코를 남기고 뜬다.

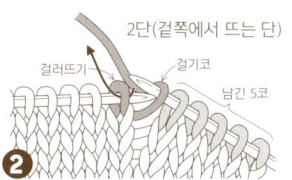

2단(겉쪽에서 뜨는 단)
걸러뜨기 걸기코
남긴 5코

❷ 뜨개바탕을 반대 방향으로 돌려 잡고 걸기코를 만든 뒤 왼쪽 바늘의 1코를 걸러뜨기해서 오른쪽 바늘로 옮긴다.

3단(안쪽에서 뜨는 단)
5코 남긴다

❹ 두 번째 되돌아뜨기. 걸러뜨기한 코에서부터 왼쪽 바늘에 5코를 남기고 뜬다.

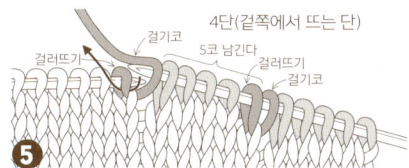

4단(겉쪽에서 뜨는 단)
걸러뜨기 걸기코 5코 남긴다 걸러뜨기 걸기코

❺ 뜨개바탕을 반대 방향으로 돌려 잡고 ❷와 마찬가지로 걸기코를 만들어 걸러뜨기한 뒤 나머지는 겉뜨기한다. ❹, ❺를 반복한다.

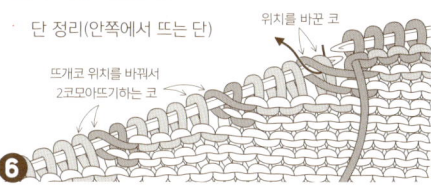

오른쪽 바늘로 옮긴 모습. 다음 코부터는 겉뜨기한다.

단 정리(안쪽에서 뜨는 단)
위치를 바꾼 코
뜨개코 위치를 바꿔서 2코모아뜨기하는 코

❻ 안쪽에서 단 정리를 한다. 걸기코와 그 왼쪽 옆 코의 위치를 바꿔서(뜨개코 위치를 바꾸는 방법 참조) 2코모아뜨기로 안뜨기한다.

왼쪽

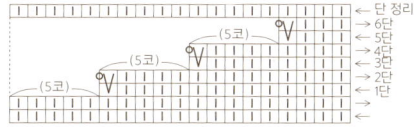

왼쪽의 되돌아뜨기는 오른쪽보다 1단 늦게 시작합니다. 그 결과 왼쪽은 단 정리를 하는 분량이 1단 더 많아집니다. 어깨를 이어서 앞판과 뒤판을 연결하면 좌우의 단차가 상쇄되어 단수가 같아집니다.

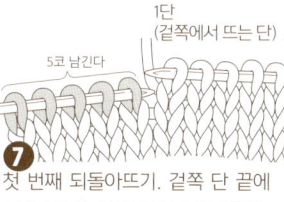

1단
(겉쪽에서 뜨는 단)
5코 남긴다

❼ 첫 번째 되돌아뜨기. 겉쪽 단 끝에서 왼쪽 바늘에 5코를 남기고 뜬다.

2단(안쪽에서 뜨는 단)
걸러뜨기 걸기코 남긴 5코

❽ 뜨개바탕을 반대 방향으로 돌려 잡고 걸기코를 만든 뒤 왼쪽 바늘의 1코를 걸러뜨기해서 오른쪽 바늘로 옮긴다.

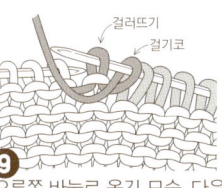

걸러뜨기

❾ 오른쪽 바늘로 옮긴 모습. 다음 코부터는 안뜨기한다.

3단(겉쪽에서 뜨는 단)
5코 남긴다

❿ 두 번째 되돌아뜨기. 걸러뜨기한 코에서부터 왼쪽 바늘에 5코를 남기고 뜬다.

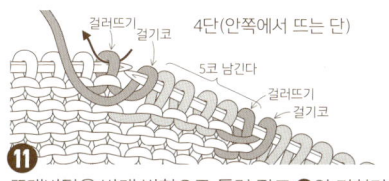

걸러뜨기 걸기코
4단(안쪽에서 뜨는 단)
5코 남긴다 걸러뜨기 걸기코

⓫ 뜨개바탕을 반대 방향으로 돌려 잡고 ❷와 마찬가지로 걸기코를 만들어 걸러뜨기한 뒤 나머지는 안뜨기한다. ❿, ⓫을 반복한다.

단 정리(안쪽에서 뜨는 단)
2코모아뜨기하는 코
2코모아뜨기하는 코
2코모아뜨기하는 코

⓬ 겉쪽에서 단 정리를 한다. 뜨개코 위치를 바꾸지 않고 걸기코와 그 왼쪽 옆 코에 바늘을 화살표와 같이 넣어서 2코모아뜨기로 겉뜨기한다.

amuhibi KNIT BOOK

KNIT_12
핸드웜 풀오버
HANDWARM PULLOVER

P.30

YARN
퍼피 모나르카 베이지(902) M / 270g=6볼, L / 325g=7볼
퍼피 펠리지 연갈색(1315) M / 165g=4볼, L / 200g=4볼

TOOL
대바늘 9호(US 8호 5.0mm)

SIZE
M / 가슴둘레 114cm, 총길이 54cm, 화장 길이 80.5cm
L / 가슴둘레 124cm, 총길이 56.5cm, 화장 길이 83cm

GAUGE
10cm×10cm 메리야스뜨기 (모나르카) 18코 26단, (펠리지) 14.5코 26단

HOW TO
◎ 몸판, 소매 … 몸판은 일반적인 시작코를 만들어서 뜨기 시작하며 1코고무뜨기, 메리야스뜨기로 뜹니다. 뒤판과 앞판은 각각 다른 실로 뜹니다. 코줄이기 부분에서 2코 이상은 덮어씌워 코막음하고 1코는 끝부분의 1코를 세워서 코를 줄입니다. 소매는 몸판과 같은 방법으로 뜨기 시작하며 뜨는 도중에 실을 바꿔서 메리야스뜨기로 뜹니다. 16단을 뜨면 코를 반으로 나눠서 각각 8단을 뜨고 다시 전체 코를 함께 뜹니다. 소매 옆선은 1코 안쪽에서 돌려뜨기로 코를 늘립니다.
◎ 마무리 … 어깨는 뒤판의 코를 균형 있게 줄여가며 덮어씌워 잇습니다. 목둘레단은 지정한 콧수만큼 코를 주워서 1고고무뜨기를 원통으로 뜨고 뜨개 끝부분을 덮어씌워 코막음합니다. 소매는 코와 단 잇기로 몸판과 연결합니다. 옆선, 소매 옆선은 실을 떠 올려서 잇습니다.

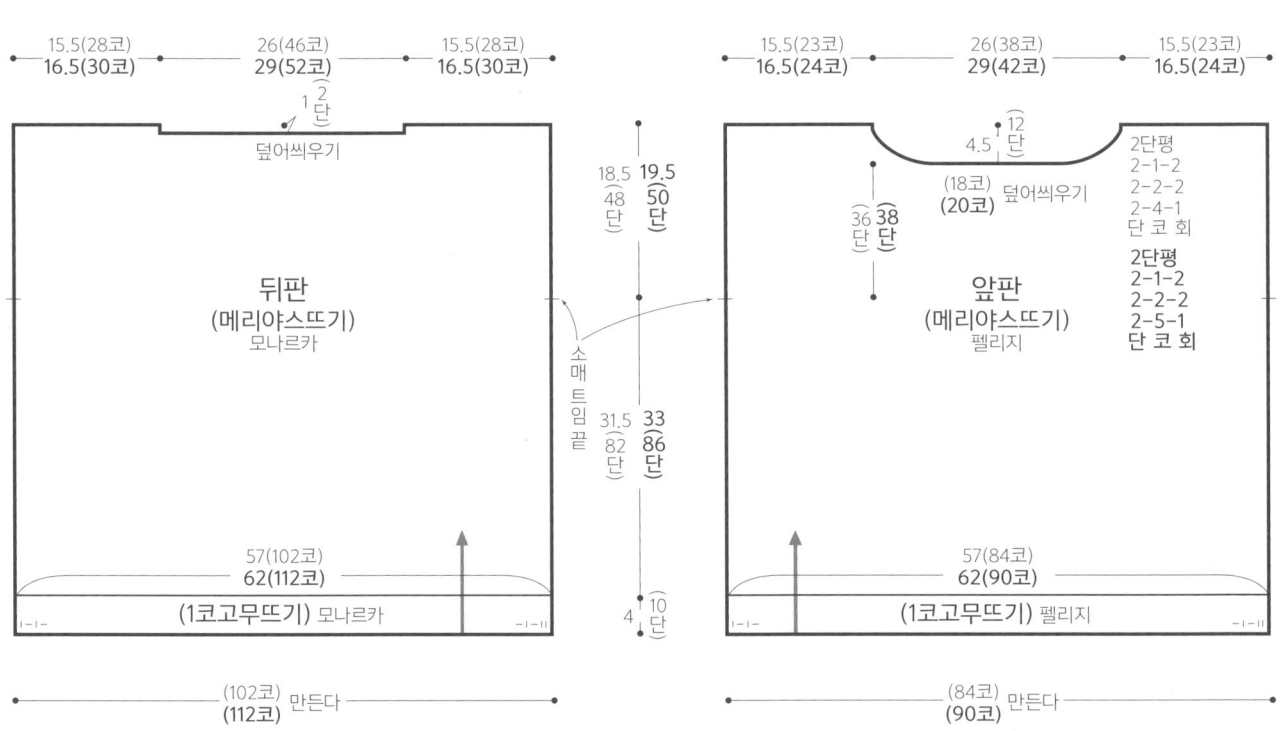

※ 전부 9호 대바늘로 뜬다

치수는 M, L 순서대로 표기
치수가 하나뿐인 경우는 공통

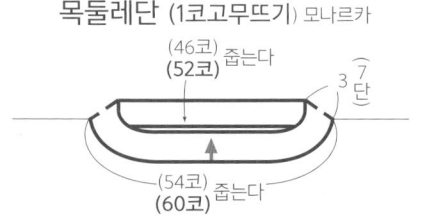
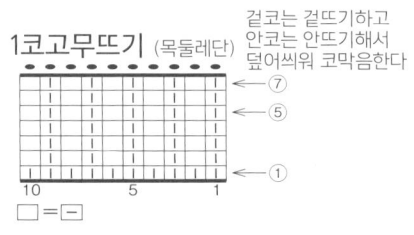

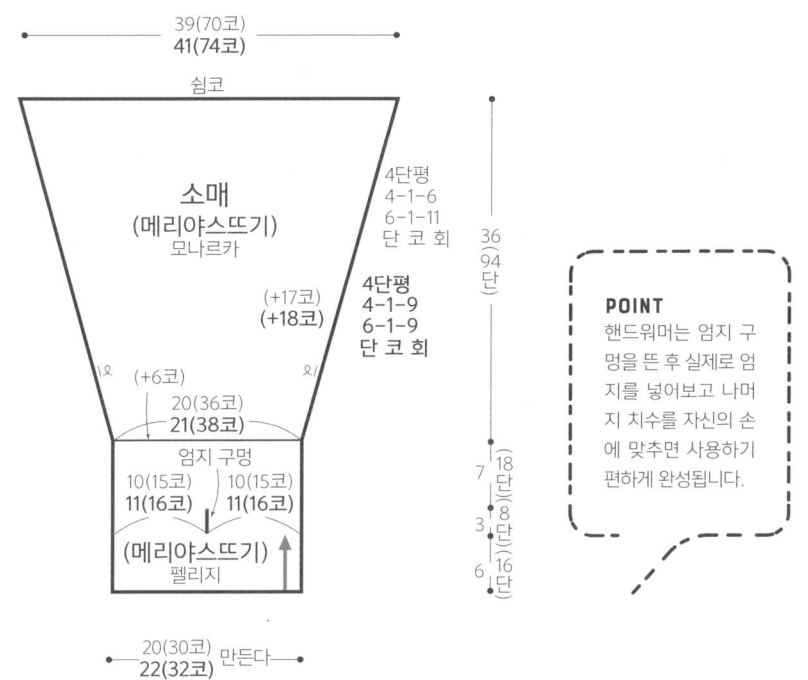

LEFTOVER ARM WARMERS
자투리 실로 뜨는 암워머

YARN
자투리 털실 5~6종류
※실의 두께는 극태사~중세사면 뭐든지 상관없습니다. 실의 종류도 자신의 취향대로 선택하세요. 가는 실의 경우 태사~극태사가 되도록 2~3가닥을 겹쳐서 뜹니다. 모아놓은 털실을 바구니나 상자에 넣고 좋아하는 색이 될 때까지 바꿔보면서 전체의 균형을 확인합니다. 5~6색 이내로 담으면 정리하기 편할 거예요.

TOOL
대바늘 11호 (US 9호 5.5mm)

SIZE
팔 둘레 22cm, 총길이 33.5cm

GAUGE
10cm×10cm 메리야스뜨기 줄무늬 18코 28단

HOW TO
◎ 독일식 트위스트 코잡기(P.40 참조)로 뜨기 시작하며 1코고무뜨기를 원통으로 뜹니다. 계속해서 뜨는 도중에 실을 바꿔가며 메리야스뜨기 줄무늬로 원하는 길이까지 뜹니다. 팔에 끼워서 길이를 확인하며 뜨면 좋습니다. 계속해서 2코고무뜨기 줄무늬를 원통으로 뜹니다. 그런 다음 엄지를 끼우는 위치를 왕복뜨기로 4cm 뜨고 다시 원통뜨기로 원하는 길이까지 뜹니다. 뜨개 끝부분에서 겉코는 겉뜨기하고 안코는 안뜨기해서 덮어씌워 코막음합니다.

KNIT_13
아란 삭스 ARAN SOCKS

P.32

YARN
랑 레기나 마젠타(66) 60g=2볼

TOOL
80cm 줄바늘 5호(US 5호 3.75mm)

SIZE
발바닥 길이 18.5cm, 발목 길이 17cm

GAUGE
10cm×10cm 무늬뜨기, 돌려뜨기로 1코고무뜨기 모두 31코 34단

HOW TO
◎ 주디스 매직 코잡기(P.41 참조)로 뜨기 시작하며 메리야스뜨기로 발끝부터 원통으로 뜹니다. 코늘리기 부분은 왼코늘리기, 오른코늘리기로 뜹니다.
계속해서 발등 쪽을 무늬뜨기, 발바닥 쪽을 돌려뜨기로 1코고무뜨기합니다. 발뒤꿈치는 발끝과 마찬가지로 코를 늘려가며 메리야스뜨기로 뜹니다. 발뒤꿈치와 거싯(양말목에 추가된 삼각형 모양의 조각이나 삽입물. 착용 시 움직임을 편하게 해준다) 부분은 발등 쪽의 코를 일단 쉬게 해놓고 도안을 참조해서 왕복뜨기로 뜹니다. 발목은 무늬뜨기, 돌려뜨기로 1코고무뜨기를 원통으로 뜨고 입구는 돌려뜨기로 1코고무뜨기합니다. 뜨개 끝부분은 돗바늘로 꿰매서 코막음(P.43 참조)합니다.

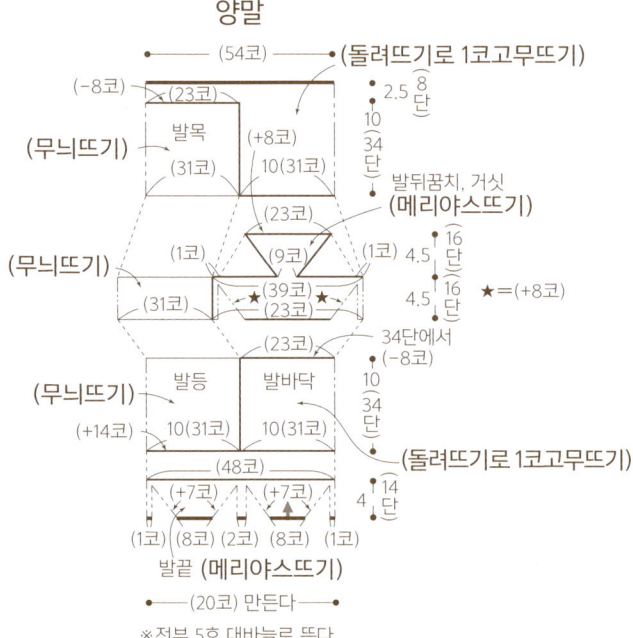

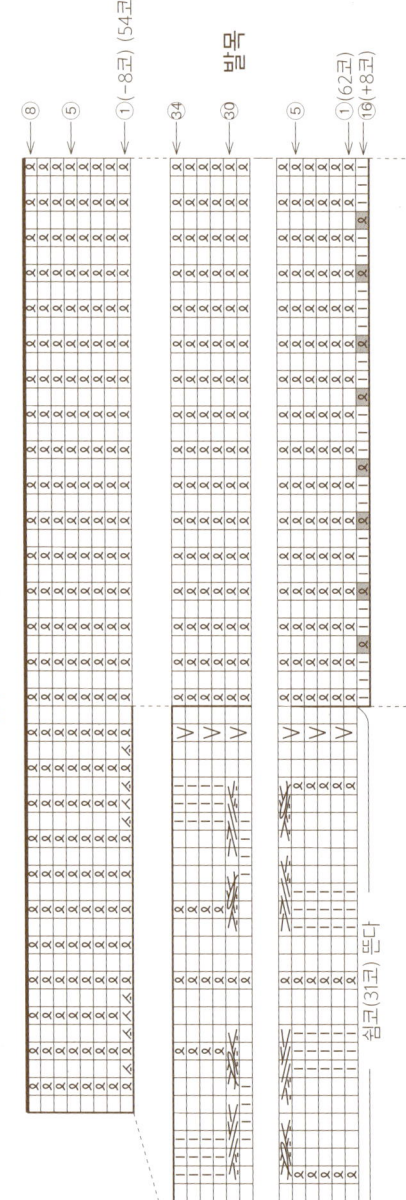

왼코 위 돌려 1코교차뜨기
(아래쪽이 안뜨기)

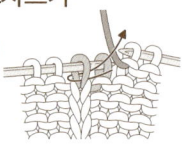

① 오른쪽 코의 앞쪽에서 화살표와 같이 왼쪽 코에 오른쪽 바늘을 넣고 오른쪽 코의 오른쪽으로 코를 뺀다.

② 실을 바늘에 걸고 화살표와 같이 실을 빼서 돌려뜨기로 겉뜨기한다.

③ 돌려뜨기로 겉뜨기한 왼쪽 코는 그대로 두고 화살표와 같이 뒤쪽에서 오른쪽 코에 오른쪽 바늘을 넣어서 안뜨기한다.

④ 왼코 위 돌려 1코교차뜨기(아래쪽이 안뜨기) 완성.

오른코 위 돌려 1코교차뜨기
(아래쪽이 안뜨기)

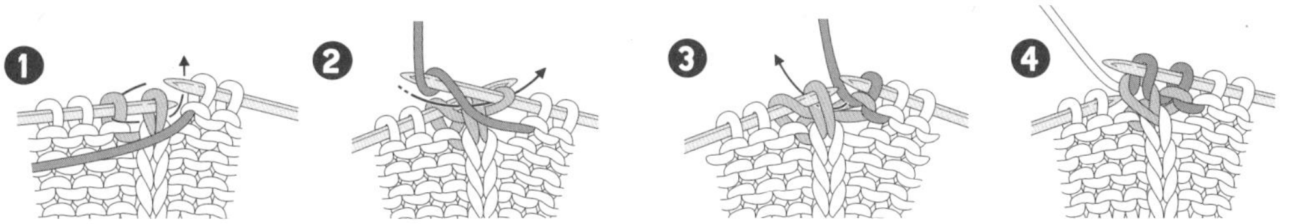

① 오른쪽 코의 뒤쪽에서 화살표와 같이 왼쪽 코에 오른쪽 바늘을 넣고

② 오른쪽 코의 오른쪽으로 코를 뺀다. 실을 바늘에 걸고 화살표와 같이 실을 빼서 안뜨기한다.

③ 안뜨기한 코는 그대로 두고 화살표와 같이 오른쪽 코에 오른쪽 바늘을 넣어서 돌려뜨기로 겉뜨기한다.

④ 오른코 위 돌려 1코교차뜨기(아래쪽이 안뜨기) 완성.

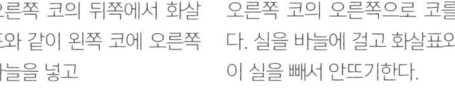

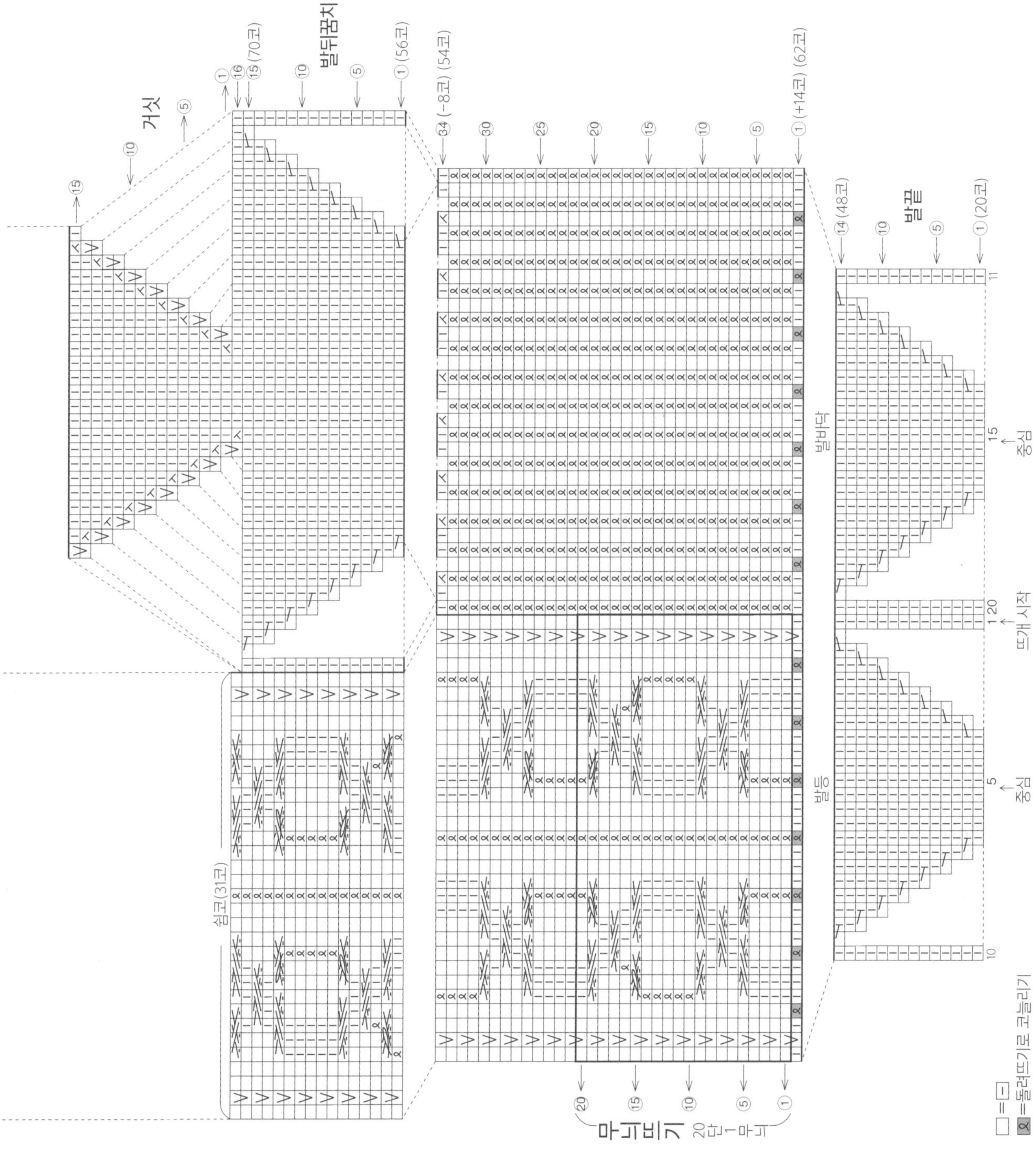

KNIT_14

아란 비니 ARAN BEANIE

YARN
A(P.34) / 랑 울애딕츠 파이어 라이트브라운(96) 90g=1볼
B(P.35) / 다루마 멜란지 슬러브 포레스트그린(3) 60g=2볼

TOOL
대바늘 15호(US 10.5호 6.5mm)

SIZE
머리둘레 45cm, 높이 20cm

GAUGE
10cm×10cm 무늬뜨기 14.5코 19단

HOW TO
◎ 독일식 트위스트 코잡기(P.40 참조)로 뜨기 시작하며 1코고무뜨기, 무늬뜨기를 원통으로 뜹니다. 분산 코늘리기, 분산 코줄이기 부분은 도안을 참조해서 뜹니다. 뜨개 끝부분은 마지막 단의 코는 1코 간격으로 두 번에 나눠 실을 통과시켜 조입니다.

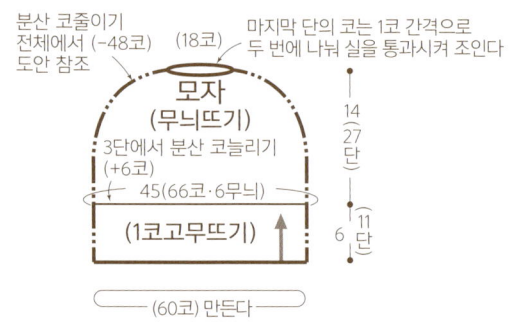

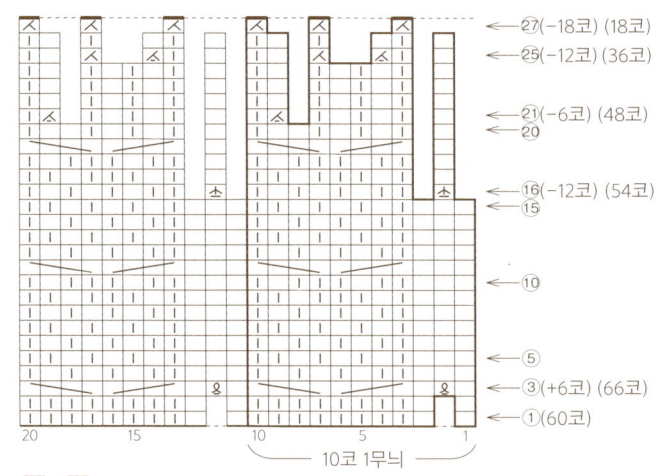

1코고무뜨기

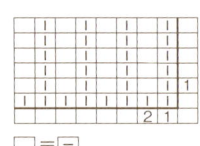

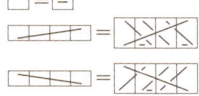

안뜨기로 중심 3코모아뜨기

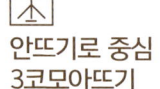

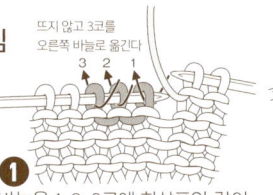
① 바늘을 1, 2, 3코에 화살표와 같이 넣어서 뜨지 않고 오른쪽 바늘로 옮깁니다.

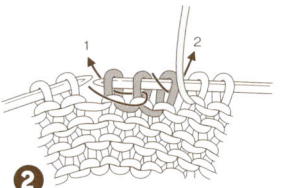
② 화살표와 같이 1, 2의 순서로 왼쪽 바늘로 옮긴다.

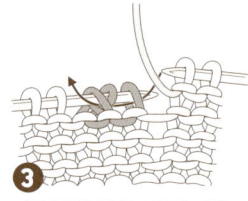
③ 화살표와 같이 3코에 오른쪽 바늘을 한 번에 넣는다.

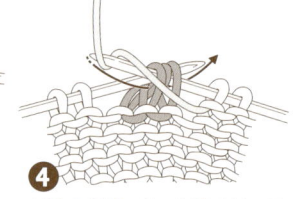
④ 실을 오른쪽 바늘에 걸어 3코를 함께 안뜨기한다.

왼코로 덮어씌운 매듭뜨기 (3코의 경우)

① 오른쪽 바늘을 왼쪽 세 번째 코에 넣고, 화살표와 같이 첫 번째와 두 번째 코에 덮어씌운다.

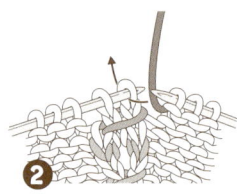
② 첫 번째 코를 겉뜨기한다.

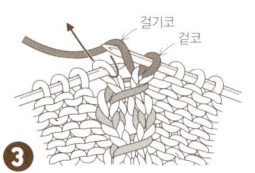
③ 다음으로 걸기코를 만들어서 두 번째 코를 겉뜨기한다.

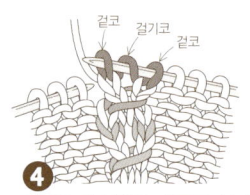
④ 왼코로 덮어씌운 매듭뜨기(3코의 경우) 완성.

KNIT_15
로피 보닛 LOPI'S BONNET

P.36

YARN
울드리머스 만체로피 그리스메디오-연갈색 35g=1볼

TOOL
대바늘 13호(US 10호 6.0mm)

SIZE
머리둘레 48cm, 높이 20cm

GAUGE
10cm×10cm 무늬뜨기 14.5코 22단

HOW TO
◎ 독일식 트위스트 코잡기(P.40 참조)로 뜨기 시작하며 무늬뜨기A를 원통으로 뜹니다. 분산 코줄이기 부분은 도안을 참조해서 뜹니다. 뜨개 끝부분은 마지막 단의 코는 1코 간격으로 두 번에 나눠 실을 통과시켜 조입니다. 시작코에서 코를 주워서 무늬뜨기B를 왕복뜨기합니다. 뜨개 끝부분은 느슨하게 덮어씌워 코막음합니다. 사슬뜨기로 끈을 뜨고 마무리 그림을 참조해서 보닛 입구 끝에 답니다.

POINT
만체로피는 털실을 옆으로 당기면 끊어지는데 끊어진 부분의 실을 3~4cm 정도 겹쳐서 뜨면 강도에는 문제가 없습니다. 실을 실타래 안쪽에서 빼내면 잘 끊어지므로 바깥쪽에서부터 쓰세요.

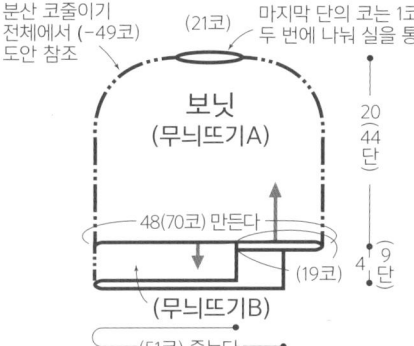

마무리

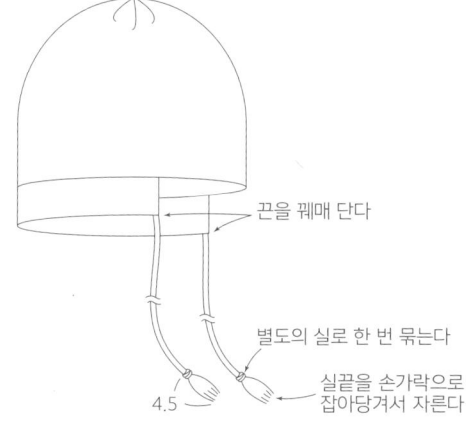

뜨개 끝부분의 코를 조이는 방법

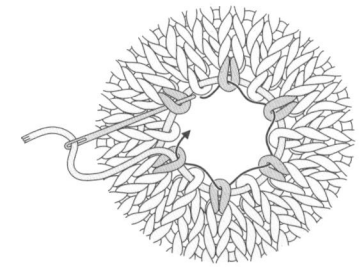

뜨개 끝부분의 실을 돗바늘에 꿰고 1코 간격으로 두 번에 나눠서 실을 통과시켜 조인다

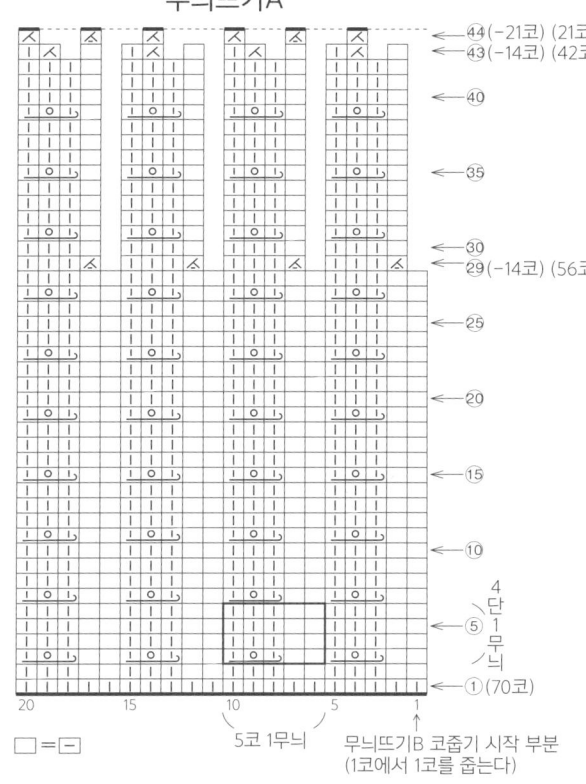

무늬뜨기B

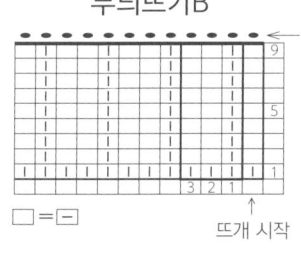

끈 2줄 (사슬뜨기) 실 2가닥
←26(사슬 37코)→

KNIT_16
체크무늬 모헤어 삭스
CHECKED MOHAIR SOCKS

P.37

YARN
퍼피 브리티시 파인 연회색(021) 25g=1볼, 진회색(012) 15g=1볼, 로완 키드실크 헤이즈 흰색(612) 15g=1볼, 이사게르 실크 모헤어 회색(47) 10g=1볼

TOOL
대바늘 3호(US 2.5호 3mm)

SIZE
발바닥 길이 20.5cm, 발목 길이 11cm

GAUGE
10cm×10cm 배색무늬뜨기 22코 37단

HOW TO
◎ 주디스 매직 코잡기(P.41 참조)로 뜨기 시작하며 메리야스뜨기로 발끝부터 원통으로 뜹니다. 코늘리기 부분은 왼코늘리기, 오른코늘리기로 뜹니다. 계속해서 배색무늬뜨기로 뜨는데, 실을 가로로 걸치는 방법(가로 배색무늬)으로 뜹니다. 발뒤꿈치는 발끝과 마찬가지로 코를 늘려가며 배색무늬뜨기로 뜹니다. 거싯 부분은 발등 쪽의 코를 일단 쉬게 해놓고 도안을 참조해서 왕복뜨기합니다. 발목은 배색무늬뜨기를 원통으로 뜨고 입구는 돌려뜨기로 1코고무뜨기합니다. 뜨개 끝부분은 돗바늘로 꿰매서 코막음(P.43 참조)합니다.

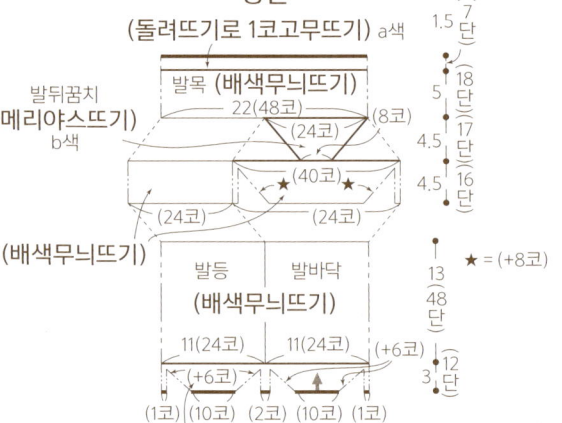

POINT
빡빡하게 뜨지 않도록 주의하세요. 모헤어는 폭신폭신하게 뜨는 것이 요령입니다. 5코 이상 같은 색이 이어지는 부분은 3~5코마다 안쪽의 걸친 실을 감싸서 뜨세요. 단마다 같은 위치를 감싸서 뜨면 뜨개바탕에 세로 방향으로 줄이 생기므로 감싸서 뜨는 위치를 엇갈리게 합니다.

배색
a색	■	진회색과 회색 각 1가닥
b색	□	연회색과 흰색 각 1가닥
c색	▨	연회색과 회색 각 1가닥

실을 가로로 걸치는 가로 배색무늬뜨기

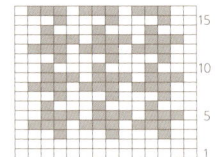

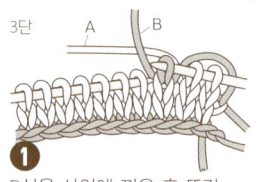

1 B실을 사이에 끼운 후 뜨기 시작하며 A실로 2코, B실로 1코를 뜬다.

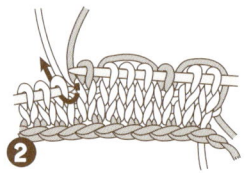

2 B실은 위쪽, A실은 아래쪽으로 걸쳐서 A실 3코, B실 1코를 반복한다.

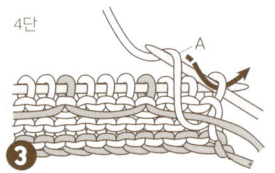

3 4단의 뜨개 시작 부분. B실을 사이에 끼워서 1코를 뜬다.

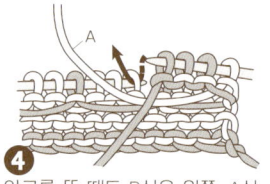

4 안코를 뜰 때도 B실은 위쪽, A실은 아래쪽으로 걸쳐서 뜬다.

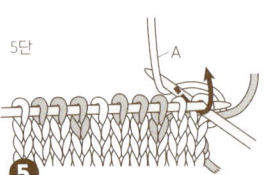

5 단의 뜨개 시작 부분은 뜨는 실 사이에 쉬게 해둔 실을 끼운 후 뜬다.

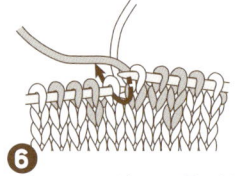

6 B실로 3코, A실로 1코를 기호 도안대로 반복해서 뜬다.

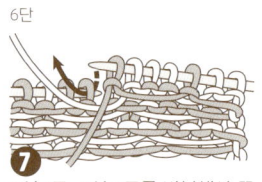

7 B실 1코, A실 3코를 반복해서 뜬다. 이 단에서 무늬 1개가 완성된다.

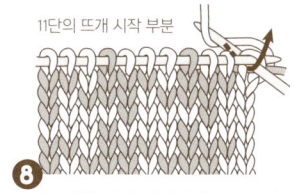

8 다시 4단을 떠서 새발걸자무늬 2개가 완성된 모습.

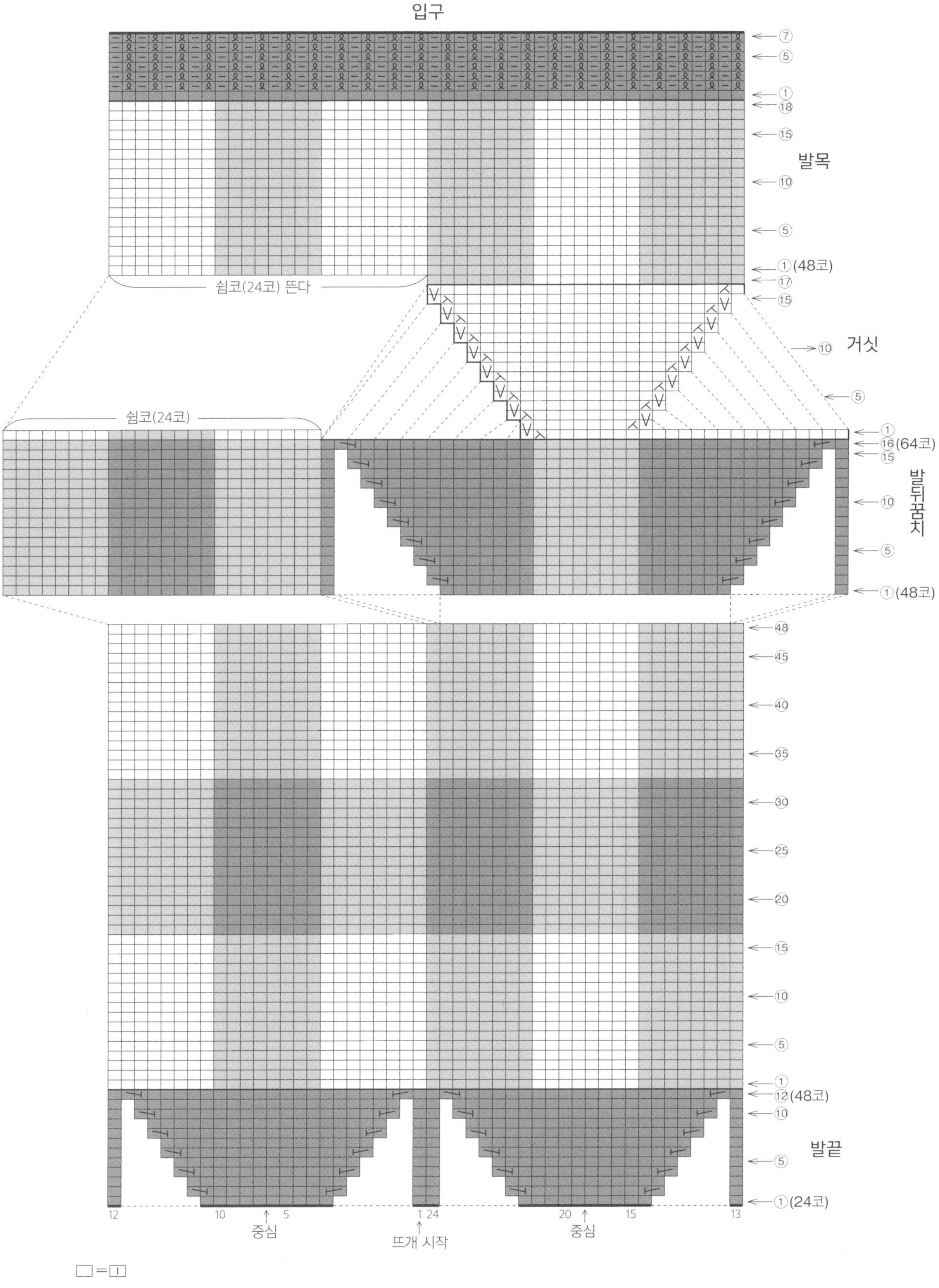
입구
7
5
1
18
15
발목
10
5
1(48코)
쉼코(24코) 뜬다
17
15
10
거싯
5
쉼코(24코)
1
16(64코)
15
발뒤꿈치
10
5
1(48코)
48
45
40
35
30
25
20
15
10
5
1
12(48코)
10
발끝
5
1(24코)
12
10
5
중심
1 24
뜨개 시작
20
15
13
중심
□=|

KNIT_17
포레스트 & 피스 삭스
FOREST & PEACE SOCKS

P.38

YARN
퍼피 브리티시 파인 진회색(012) 30g=2볼, 연회색(021) 25g=1볼

TOOL
대바늘 3호(US 2.5호 3mm)

SIZE
발바닥 길이 19cm, 발목 길이 18.5cm

GAUGE
10cm×10cm 배색무늬뜨기A, B, C 모두 32코 36단

HOW TO
◎ 주디스 매직 코잡기(P.41 참조)로 뜨기 시작하며 메리야스뜨기로 발끝부터 원통으로 뜹니다. 코늘리기 부분은 왼코늘리기, 오른코늘리기로 뜹니다. 계속해서 발등 쪽을 배색무늬뜨기A 또는 C, 발바닥 쪽을 배색무늬뜨기B로 뜹니다. 발뒤꿈치는 발끝과 마찬가지로 코를 늘려가며 배색무늬뜨기B로 뜹니다. 거싯 부분은 발등 쪽의 코를 일단 쉬게 해놓고 도안을 참조해서 왕복뜨기합니다. 발목은 배색무늬뜨기A 또는 C를 원통으로 뜨고 입구는 돌려뜨기로 1코고무뜨기합니다. 뜨개 끝부분은 돗바늘로 꿰매서 코막음(P.42 참조)합니다.

※Peace 글자는 한쪽에만 넣는다

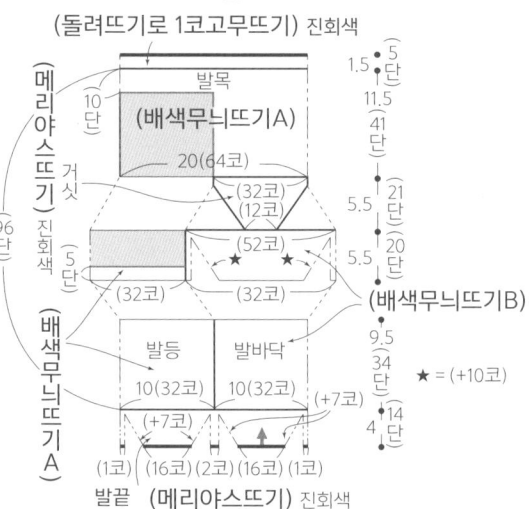

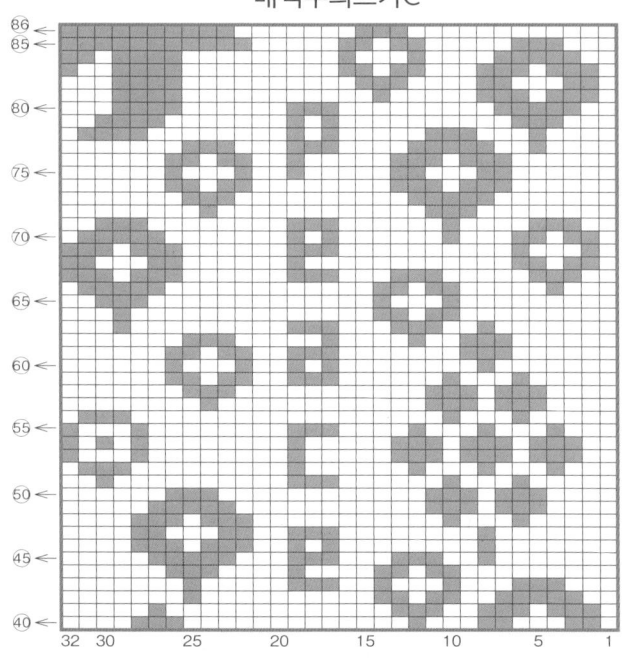

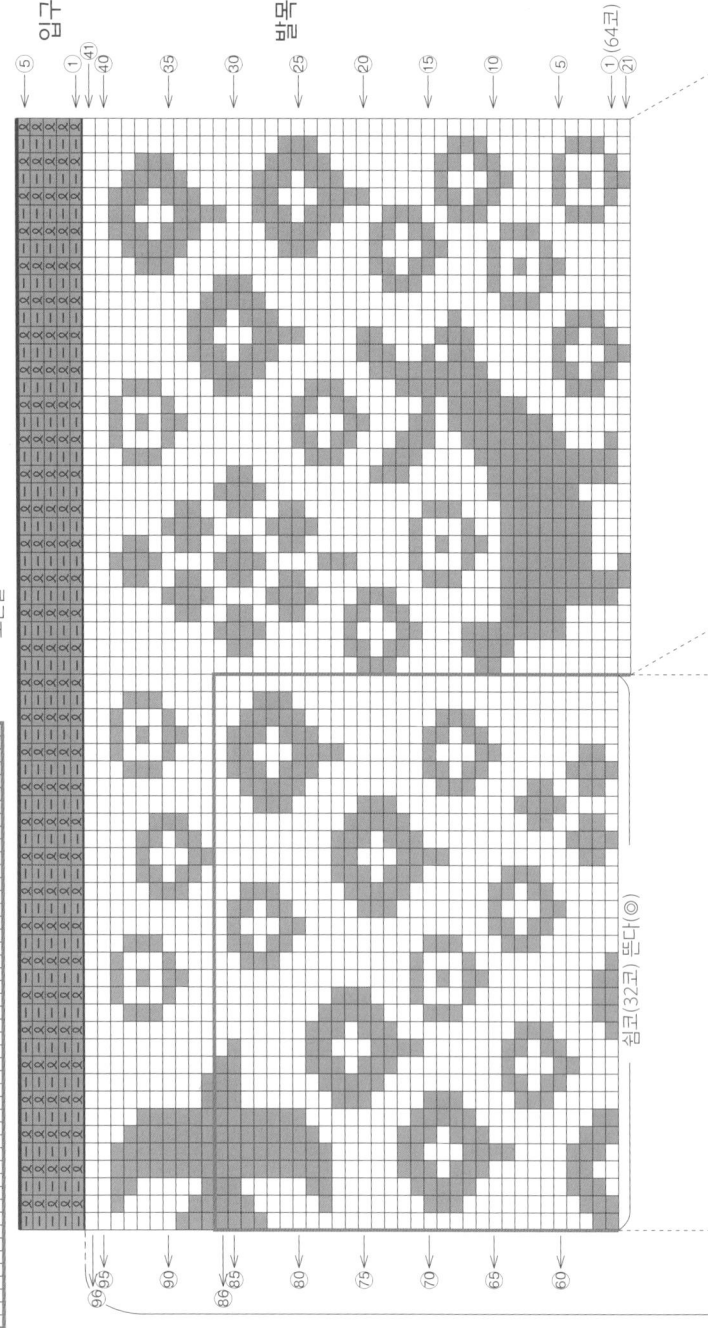

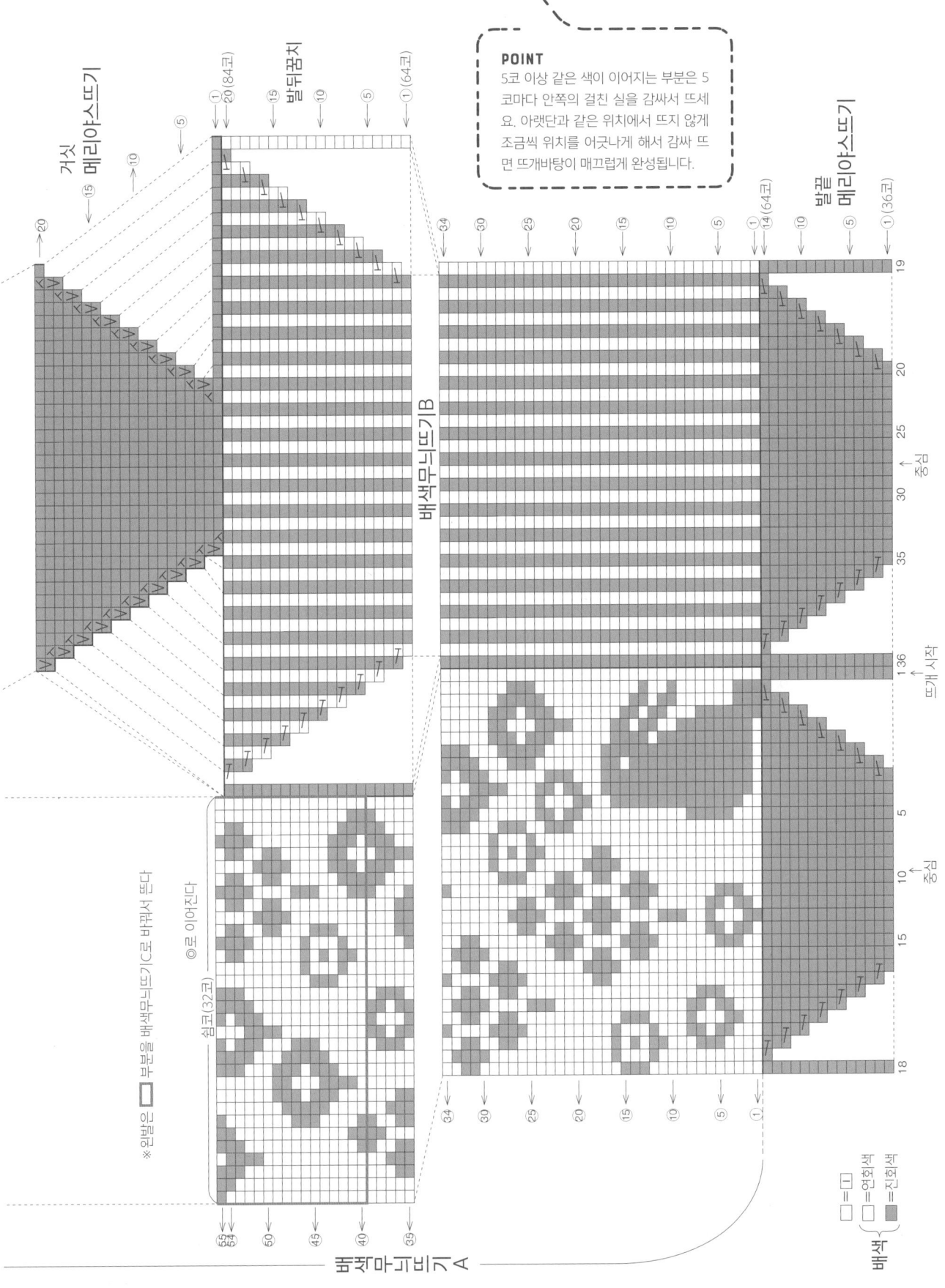

BASIC TECHNIQUE GUIDE

시작코

손가락에 걸어서 만드는 시작코

일반적인 시작코. 신축성이 있으며 얇게 뜰 수 있어서 그대로 가장자리로 쓰인다.

❶
실끝은 뜨는 편물 너비의 3배 정도를 남긴다.

❷
고리를 만들어서 왼손으로 교차점을 누른다.

❸
고리 안에서 실끝을 빼낸다.

❹
빼낸 실로 작은 고리를 만든다.

❺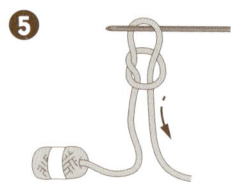
작은 고리 안에 대바늘을 넣고 양쪽의 실을 당겨서 고리를 줄인다.

❻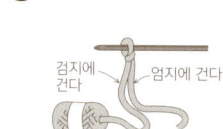
1코 완성. 짧은 실은 엄지, 긴 실은 검지에 건다.

❼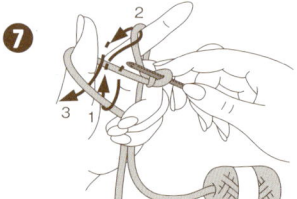
바늘 끝을 1, 2, 3의 화살표 순서대로 움직여서 대바늘에 실을 건다.

❽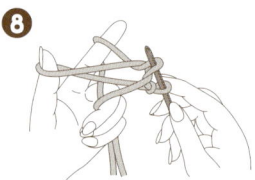
1, 2, 3의 순서대로 실을 건 모습. 코와 코 사이는 8mm 정도 간격을 벌려가며 시작코를 만든다.

❾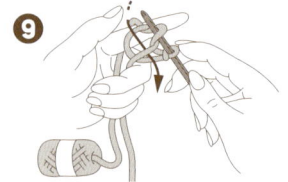
엄지를 일단 빼고 화살표와 같이 엄지를 다시 넣는다.

❿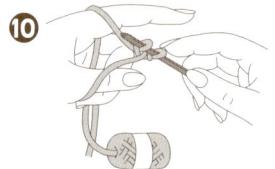
엄지를 다시 넣어서 코를 조인 모습. 두 번째 코가 완성되었다.

⓫
필요한 콧수를 만든다. 코와 코 사이가 너무 빡빡하지 않게 주의한다.

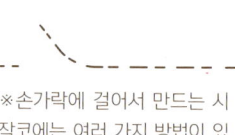
※손가락에 걸어서 만드는 시작코에는 여러 가지 방법이 있는데 아무히비에서는 이 방법을 추천합니다.

별도의 사슬뜨기로 만드는 시작코

나중에 역방향으로 뜨고 싶을 때를 위한 코바늘을 사용해서 뜨는 시작코. 다 뜨고 나면 시작코를 풀어내서 코를 줍기 때문에 여름용 실 등 섬유가 잘 빠지지 않고 잘 미끄러지는 실을 사용하면 좋다.

◎ 별도의 사슬뜨기를 한다

❶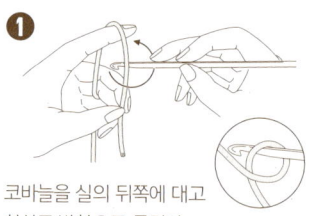
코바늘을 실의 뒤쪽에 대고 화살표 방향으로 돌린다.

❷
교차한 부분을 손가락으로 누르고 코바늘에 실을 건다.

❸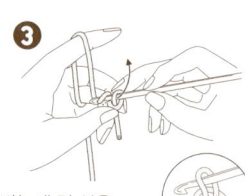
바늘에 건 실을 고리 안에서 빼낸다.

❹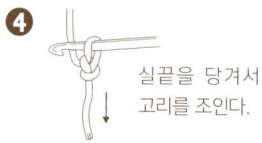
실끝을 당겨서 고리를 조인다.

❺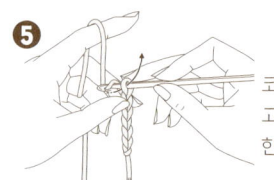
코바늘에 실을 걸고 빼내기를 반복한다.
※나중에 풀어내므로 많이 만들어놓으면 좋다.

❻
마지막은 다시 한 번 실을 걸어서 빼고 실을 잘라서 빼낸다.

◎ 별도의 실로 뜬 사슬코의 코산을 줍는다 ※실제로 뜨는 실을 사용해 코를 줍는다.

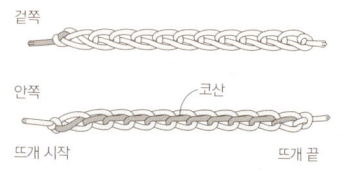
겉쪽 / 안쪽 / 코산 / 뜨개 시작 / 뜨개 끝

❶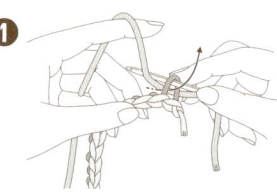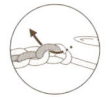
별도의 실로 뜬 사슬코 끝 쪽의 코산에 대바늘을 넣고 실제로 뜨는 실로 코를 줍는다.

❷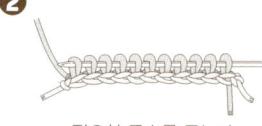
필요한 콧수를 줍는다.

기본 뜨개 기법

 겉코 = 겉뜨기

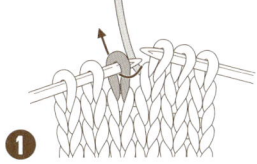
❶ 실을 뒤쪽에 놓고 오른쪽 바늘을 앞쪽에서 넣는다.

❷ 실을 걸어서 화살표와 같이 앞쪽으로 빼낸다.

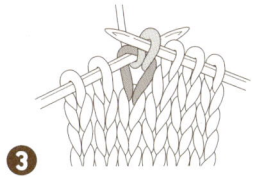
❸ 왼쪽 바늘에서 코를 벗겨낸다.

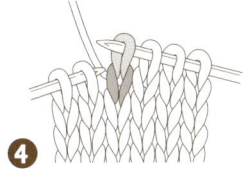
❹ 겉뜨기 완성.

 안코 = 안뜨기

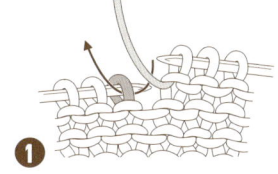
❶ 실을 앞쪽에 놓고 화살표와 같이 오른쪽 바늘을 뒤쪽에서 넣는다.

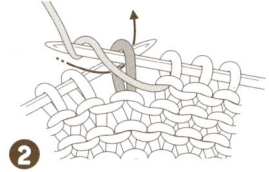
❷ 실을 앞쪽에서 뒤쪽으로 걸어 화살표와 같이 빼낸다.

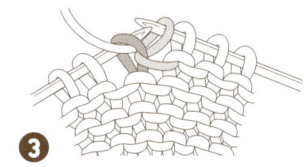
❸ 오른쪽 바늘로 실을 뺀 뒤 왼쪽 바늘에서 코를 벗겨낸다.

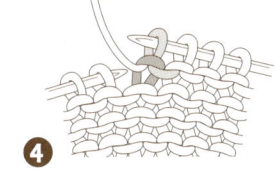
❹ 안뜨기 완성.

 걸기코 (바늘 비우기)

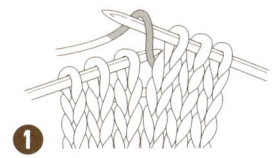
❶ 오른쪽 바늘에 앞쪽에서 뒤쪽으로 실을 건다.

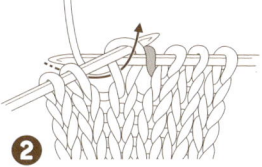
❷ 다음 코를 뜬다.

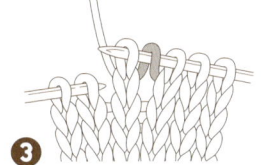
❸ 걸기코 완성. 1코가 늘어났다.

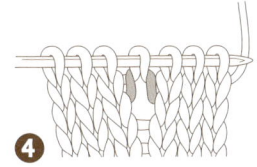
❹ 다음 단을 뜨고 겉쪽에서 본 모습.

 돌려뜨기 (꼬아뜨기)

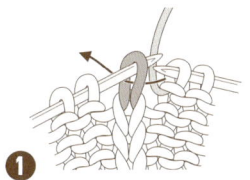
❶ 오른쪽 바늘을 화살표와 같이 뒤쪽에서 넣는다.

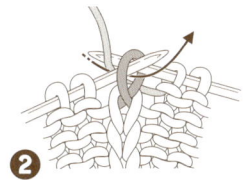
❷ 실을 걸어서 화살표와 같이 앞쪽으로 빼낸다.

❸ 왼쪽 바늘에서 코를 벗겨낸다.

❹ 돌려뜨기 완성. 아래쪽 코가 꼬여 있다.

 안코 돌려뜨기

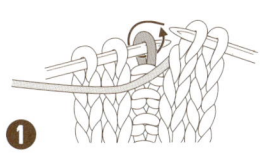
❶ 실을 앞쪽에 놓고 오른쪽 바늘을 화살표와 같이 뒤쪽에서 넣는다.

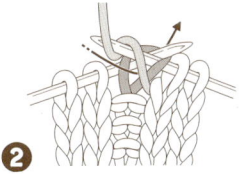
❷ 실을 걸고 화살표와 같이 뒤쪽으로 빼낸다.

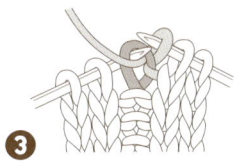
❸ 왼쪽 바늘에서 코를 벗겨낸다.

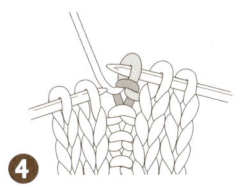
❹ 안코 돌려뜨기 완성. 아래쪽 코가 꼬여 있다.

 덮어씌워 코막기 (겉뜨기의 경우)

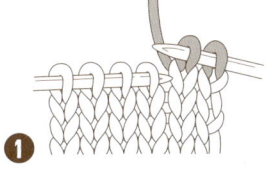
❶ 겉뜨기 2코를 뜬다.

❷ 오른쪽 코를 왼쪽 코에 덮어씌운다.

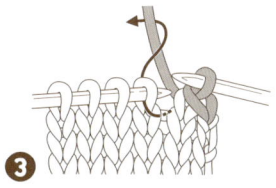
❸ 1코 덮어씌워 코막기가 완성되었다. 다음 코도 겉뜨기하고 ❷와 마찬가지로 덮어씌운다.

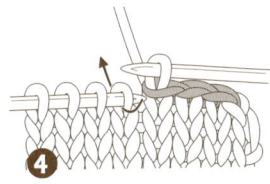
❹ '겉뜨기1코를 떠서 덮어씌우기'를 반복해 코막음한다.

 오른코 겹쳐 2코모아뜨기

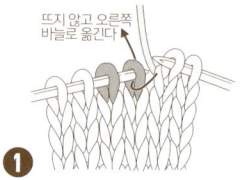
❶ 오른쪽 코를 뜨지 않고 오른쪽 바늘로 옮긴다.

❷ 왼쪽 코를 겉뜨기한다.

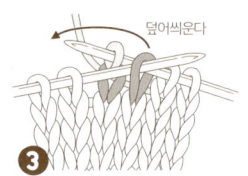
❸ 오른쪽 바늘로 옮겨놓은 코를 겉뜨기한 코에 덮어씌운다.

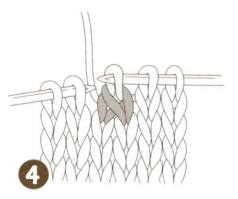
❹ 오른코 겹쳐 2코모아뜨기 완성.

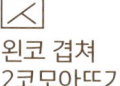 왼코 겹쳐 2코모아뜨기

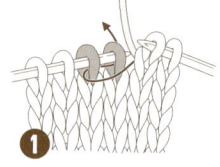
❶ 2코의 왼쪽에서 오른쪽 바늘을 한 번에 넣는다.

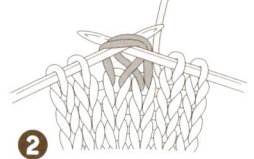
❷ 바늘을 넣은 모습.

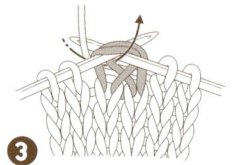
❸ 2코를 함께 겉뜨기한다.

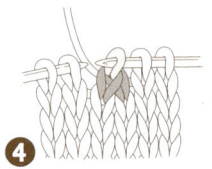
❹ 왼코 겹쳐 2코모아뜨기 완성.

오른코 겹쳐 2코모아안뜨기

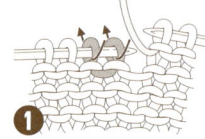
❶ 2코를 각각 뜨지 않고 오른쪽 바늘로 옮긴다.

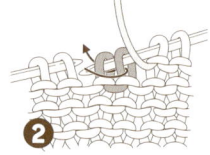
❷ 왼쪽 바늘을 2코의 오른쪽에서 넣어서 코를 다시 옮긴다.

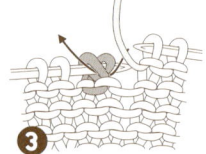
❸ 오른쪽 바늘을 화살표와 같이 넣어서

❹ 2코를 함께 안뜨기한다.

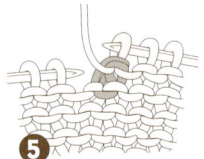
❺ 오른코 겹쳐 2코모아안뜨기 완성.

왼코 겹쳐 2코모아안뜨기

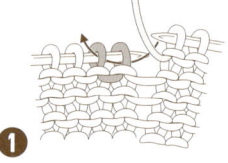
❶ 2코의 오른쪽에서 오른쪽 바늘을 한 번에 넣는다.

❷ 바늘을 넣은 모습.

❸ 오른쪽 바늘을 화살표와 같이 넣어서 2코를 함께 안뜨기한다.

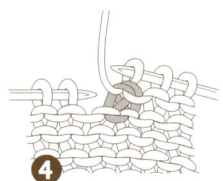
❹ 왼코 겹쳐 2코모아안뜨기 완성.

걸러뜨기 (1단의 경우)

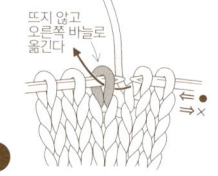
❶ ●단에서 실을 뒤쪽에 놓고 바늘을 화살표와 같이 넣어서 코를 뜨지 않고 옮긴다.

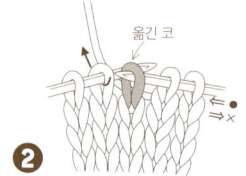
❷ 옮긴 코가 걸러뜨기가 된다. 계속해서 다음 코를 뜬다.

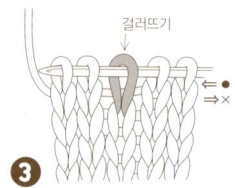
❸ 걸러뜨기한 부분은 걸친 실이 뒤쪽에 있다.

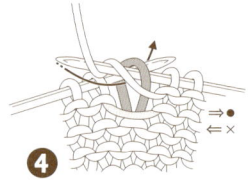
❹ 다음 단은 걸러뜨기를 기호 도안대로 뜬다.

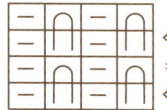 끌어올려뜨기 (1단의 경우)

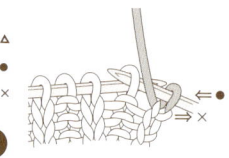
❶ 안쪽 단(●)에서 시작한다. 가장자리의 코를 겉뜨기한 후 다음 코는 뜨지 않고 오른쪽 바늘로 옮긴다(코의 방향을 바꾸지 않는다).

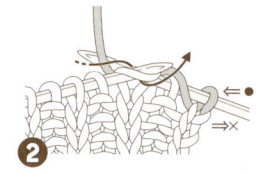
❷ 실을 옮긴 코에 걸고 다음 코는 겉뜨기한다. 안코는 뜨지 않고 실을 걸며 겉코는 뜬다. 이 과정을 반복한다.

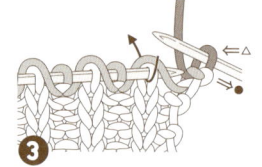
❸ 겉쪽 단(△)은 가장자리를 안뜨기하고 다음 코는 아랫단에서 건 실을 함께 겉뜨기한다.

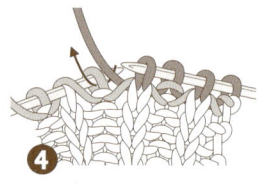
❹ 안뜨기하고 겉코는 아랫단에서 건 실을 함께 뜬다. 이 과정을 반복한다.

왼코 위 1코교차뜨기	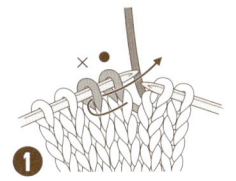 ❶ ●코의 앞쪽에서 ×코에 오른쪽 바늘을 화살표와 같이 넣는다.	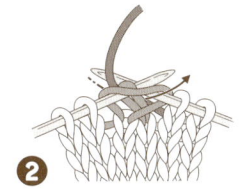 ❷ 실을 바늘에 걸고 화살표와 같이 빼내서 겉뜨기한다.	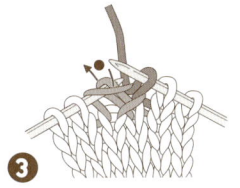 ❸ 겉뜨기한 코는 그대로 두고 바늘을 ●코에 넣어서 겉뜨기한다.	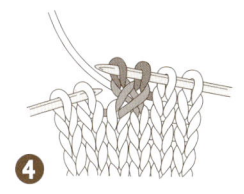 ❹ 왼코 위 1코교차뜨기 완성.
오른코 위 1코교차뜨기	 ❶ ●코의 뒤쪽에서 ×코에 오른쪽 바늘을 화살표와 같이 넣는다.	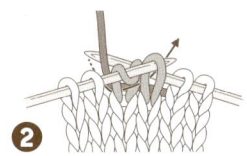 ❷ 실을 바늘에 걸고 화살표와 같이 빼내서 겉뜨기한다.	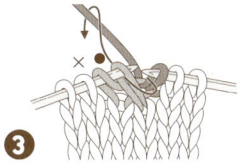 ❸ ×코는 그대로 두고 바늘을 ●에 넣어서 겉뜨기한다.	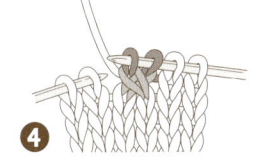 ❹ 오른코 위 1코교차뜨기 완성.
왼코 위 1코교차뜨기 (아래쪽이 안뜨기)	 ❶ 오른쪽 코의 앞쪽에서 왼쪽 코에 오른쪽 바늘을 화살표와 같이 넣어서 겉뜨기한다.	 ❷ 겉뜨기한 코는 그대로 두고 바늘을 뒤쪽에서 ●코에 넣는다.	 ❸ 실을 바늘에 걸어서 안뜨기한다.	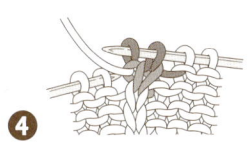 ❹ 왼코 위 1코교차뜨기(아래쪽이 안뜨기) 완성.
오른코 위 1코교차뜨기 (아래쪽이 안뜨기)	 ❶ 실을 앞쪽에 놓고 ●코의 뒤쪽에서 ×코에 오른쪽 바늘을 화살표와 같이 넣는다.	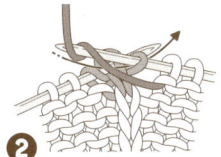 ❷ 실을 바늘에 걸어서 안뜨기한다.	 ❸ 안뜨기한 코는 그대로 두고 바늘을 ●에 넣어서 겉뜨기한다.	 ❹ 오른코 위 1코교차뜨기(아래쪽이 안뜨기) 완성.
왼코 위 2코교차뜨기	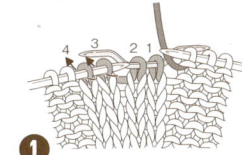 ❶ 오른쪽의 2코를 꽈배기바늘로 옮겨서 뒤쪽에 놓고 3, 4의 코를 겉뜨기한다.	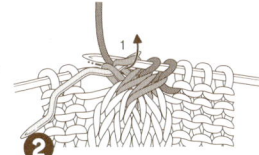 ❷ 오른쪽 바늘을 1의 코에 넣고 실을 화살표와 같이 빼내서 겉뜨기한다.	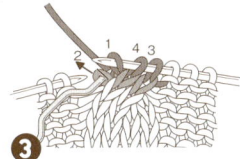 ❸ 2의 코도 겉뜨기한다.	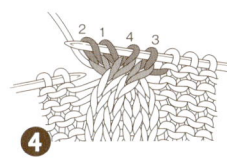 ❹ 왼코 위 2코교차뜨기 완성.
오른코 위 2코교차뜨기	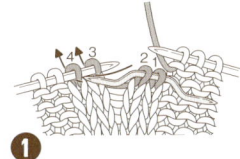 ❶ 오른쪽의 2코를 꽈배기바늘로 옮겨서 앞쪽에 놓고 3, 4의 코를 겉뜨기한다.	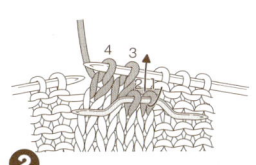 ❷ 오른쪽 바늘을 화살표와 같이 1의 코에 넣어서 겉뜨기한다.	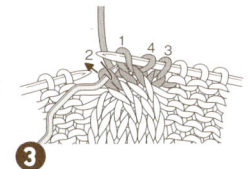 ❸ 2의 코도 같은 요령으로 겉뜨기한다.	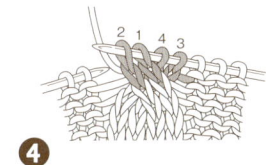 ❹ 오른코 위 2코교차뜨기 완성.

오른코 위 2코교차뜨기
(중심에 안뜨기1코 넣기)

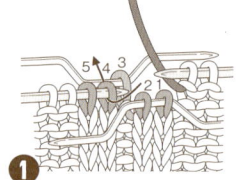
❶ 1, 2의 코는 앞쪽, 3의 코는 뒤쪽 꽈배기바늘에 놓는다. 4, 5의 코를 겉뜨기한다.

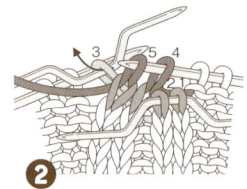
❷ 오른쪽 바늘을 화살표와 같이 3의 코에 넣어서 안뜨기한다.

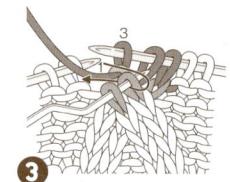
❸ 1, 2의 코를 겉뜨기한다.

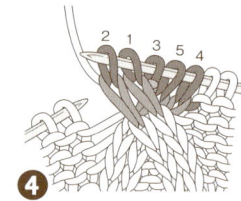
❹ 오른코 위 2코교차뜨기(중심에 안뜨기1코 넣기) 완성.

돌려뜨기로 코늘리기
(겉뜨기일 때)

※안뜨기의 경우( ) 같은 요령으로 안뜨기한다.

오른쪽 좌우 구별이 없는 코늘리기는 이 방향에서 하면 좋다

오른쪽 돌려뜨기로 코늘리기

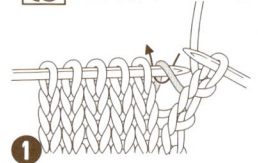
❶ 코와 코 사이의 실을 왼쪽 바늘에 걸고 바늘을 화살표와 같이 오른쪽에서 넣어

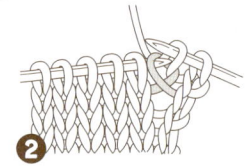
❷ 겉뜨기한다.

왼쪽 왼쪽 돌려뜨기로 코늘리기

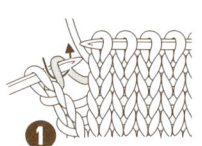
❶ 코와 코 사이의 실을 왼쪽 바늘에 걸고 바늘을 화살표와 같이 왼쪽에서 넣어

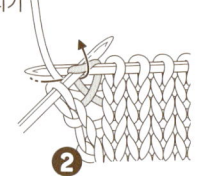
❷ 겉뜨기한다.

실을 감아서 코늘리기
(2코 이상 실을 감아서 코늘리기)

뜨개바탕의 가장자리에서 실을 대바늘에 감아서 코를 늘리는 방법. 2코 이상은 뜨개 끝부분에서 코를 늘리기 때문에 양쪽에서 1단이 어긋나지만 1코일 때는 같은 단에서 코를 늘린다.

오른쪽

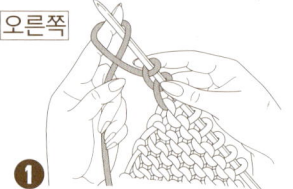
❶ 그림과 같이 실을 검지에 걸고 바늘을 넣어서 손가락을 뺀다.

❷ ❶을 반복해서 3코가 늘어났다.

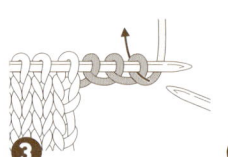
❸ 다음 단은 오른쪽 바늘을 화살표와 같이 끝부분의 코에 넣어서

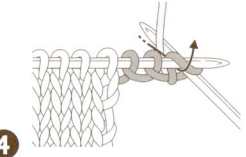
❹ 겉뜨기한다. 다음 코에서도 겉뜨기한다(코늘리기가 여러 단으로 이어질 때는 끝부분의 코를 걸러뜨기한다).

왼쪽

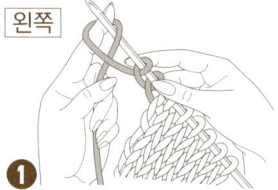
❶ 그림과 같이 실을 바늘에 걸고 바늘을 넣어서 손가락을 뺀다.

❷ ❶을 반복해서 3코가 늘어났다.

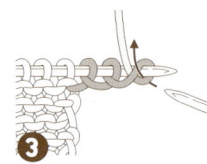
❸ 다음 단은 오른쪽 바늘을 화살표와 같이 끝부분의 코에 넣어서

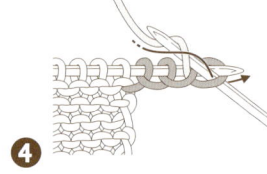
❹ 안뜨기한다. 다음 코에서도 안뜨기한다(코늘리기가 여러 단으로 이어질 때는 끝부분의 코를 걸러뜨기한다).

오른코늘리기

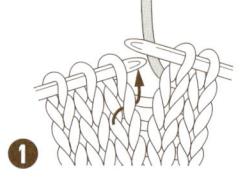
❶ 2단 아래쪽의 코를 화살표와 같이 오른쪽 바늘로 끌어올려서 겉뜨기한다.

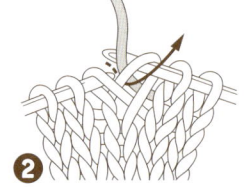
❷ 바늘에 걸려 있는 다음 코도 겉뜨기한다.

왼코늘리기

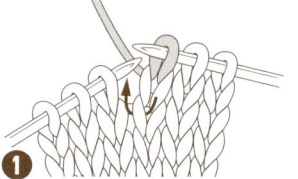
❶ 겉뜨기1코를 뜨고 2단 아래쪽의 코를 화살표와 같이 오른쪽 바늘로 끌어올려서

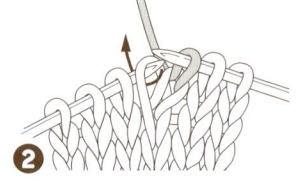
❷ 왼쪽 바늘에 걸어 겉뜨기한다.

잇기

실을 떠 올려서 잇기 (메리야스뜨기)

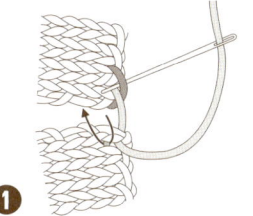
❶ 앞쪽과 뒤쪽 모두 돗바늘로 시작코의 실을 떠 올린다.

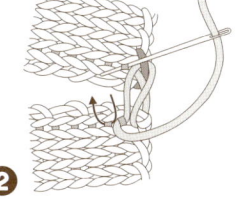
❷ 끝에서 1코 안쪽의 싱커 루프(걸친 코)를 1단씩 번갈아 가며 떠 올려서 실을 당긴다.

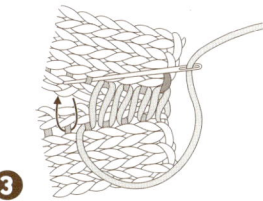
❸ '싱커 루프를 떠 올려서 이은 실 당기기'를 반복한다. 이은 실은 보이지 않을 때까지 잡아당긴다.

빼뜨기로 잇기 (코바늘을 사용하는 방법)

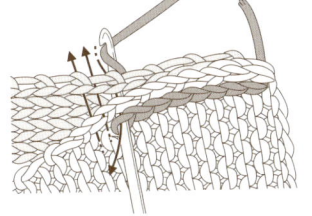
뜨개바탕을 안쪽이 밖으로 나오게 마주 놓고 코바늘을 사용해 빼뜨기해서 잇는다.

덮어씌워 잇기

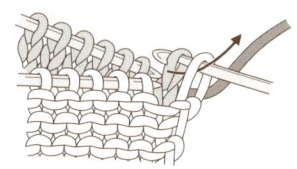
❶ 뜨개바탕 2장을 안쪽이 밖으로 나오게 마주 놓고 코바늘을 앞쪽의 코에 넣어서 뒤쪽의 코를 빼낸다.

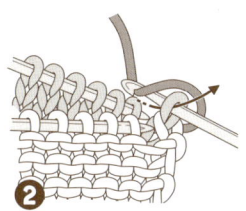
❷ 실을 바늘에 걸어서 뺀다.

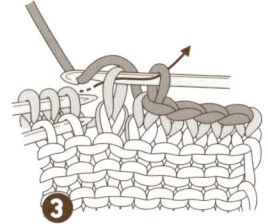
❸ ❶, ❷를 반복한다.

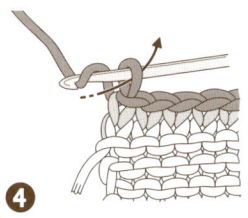
❹ 마지막에 남은 코에서 실을 빼낸다.

메리야스 잇기 (양쪽 모두 코 부분일 때)

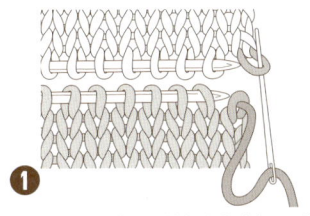
❶ 뜨개바탕 2장을 나란히 맞대어 놓고 앞쪽 끝부분의 코, 뒤쪽 끝부분의 코에 안쪽에서 돗바늘을 넣는다.

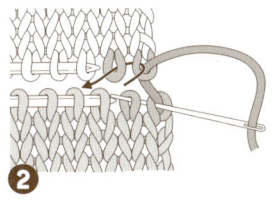
❷ 앞쪽의 2코, 뒤쪽의 2코 순서대로 바늘을 화살표와 같이 넣는다.

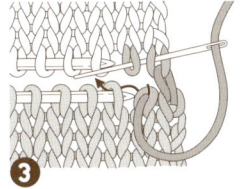
❸ 그런 다음 앞쪽의 2코에 바늘을 화살표와 같이 넣는다.

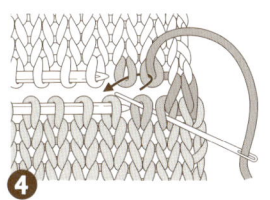
❹ 그런 다음 뒤쪽의 2코에 바늘을 넣는다. ❷~❹를 반복한다.

걸어 빼어 잇기

❶ 뜨개바탕 2장을 안쪽이 밖으로 나오게 마주 놓고 앞쪽의 코와 뒤쪽의 코에 코바늘을 넣는다.

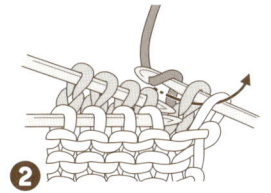
❷ 실을 코바늘에 걸고 2코를 한꺼번에 빼낸다.

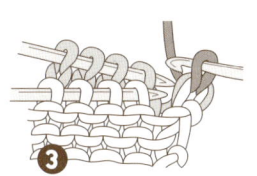
❸ 실을 빼낸 모습.

❹ 다음 코도 앞쪽 코와 뒤쪽 코에 코바늘을 넣고 바늘에 걸려 있던 코까지 3코를 한꺼번에 빼낸다. ❹를 반복하고 마지막은 1코를 빼낸다.

코와 단 잇기

한쪽이 코, 다른 한쪽이 단일 때 잇는 방법. 단 쪽 1단을 떠 올려서 코 쪽 2코에 돗바늘을 넣는다. 단 쪽이 많을 때는 2단을 떠 올려서 조절한다. 이은 실은 보이지 않을 때까지 잡아당긴다.

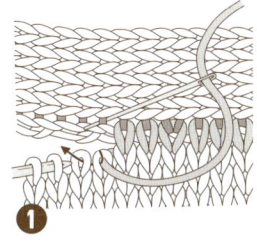
❶

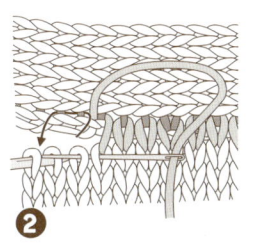
❷

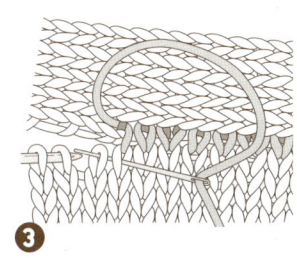
❸

Amuhibi KNIT BOOK (NV70710)
Photographers: Yohei Kojima, Nobuhiko Honma, Noriaki Moriya
Copyright © Mikiko Umemoto/NIHON VOGUE-SHA 2022
All rights reserved.
Original Japanese edition published by NIHON VOGUE Corp.
Korean translation copyright © 2024 by JIGEUMICHAEK
This Korean edition published by arrangement with NIHON VOGUE Corp., Tokyo, through BC Agency

이 책의 한국어 판 저작권은 BC에이전시를 통해 저작권자와 독점계약을 맺은 지금이책에 있습니다.
저작권법에 의해 한국 내에서 보호를 받는 저작물이므로 무단전재와 복제를 금합니다.

amuhibi

우편번호 810-0044
일본 후쿠오카시 주오구 롯폰마쓰 1-4-22
Info@amuhibiknit.com
Tel. 81)050-3550-8288 (영업일 12시~18시)
https://amuhibiknit.com
Instagram : https://www.instagram.com/amuhibiknit
Twitter : https://twitter.com/amuhibiknit
note : https://note.com/amuhibiknit
voicy : https://voicy.jp/channel/1740

STAFF
북 디자인 — 후지타 고헤이(Barber)
촬영 — 고지마 요헤이, 혼마 노부히코(P.40-45), 모리야 노리아키(P.17)
스타일링 — 사노 유미
헤어 메이크업 — 이시카와 치에
모델 — MARIE
제작 협력 — 사카구치 사치코, 사와다 미키, 나카야마 가요, 미네 히로코, 야스오카 사키
만드는 방법 — 오마에 가오리
도안 — 시라이 마이
일러스트 — 고이케 유리호
편집 협력 — 요시에 마미, 아리마 마리아, 스즈키 히로코, 쓰치야 에미코
편집 담당 — 다니야마 아키코, 소가 게이코

소재 제공
· 주식회사 다이도 포워드 퍼피 사업부
  일본 도쿄도 지요다구 소토칸다 3-1-16 다이도 리미티드 빌딩 3F
  Tel. 81)03-3257-7135
  http://www.puppyarn.com

· 이사게르 재팬 주식회사(Isager)
  일본 가나가와현 후지사와시 구게누마후지가야 2-8-15
  Tel. 81)0466-47-9535
  Email : yurix@isager.jp

· 하마나카 주식회사
  일본 교토시 우쿄구 하나조노야부노시타초 2번지 3
  Tel. 81)075-463-5151
  http://www.hamanaka.co.jp

· DMC 주식회사(ROWAN)
  일본 도쿄도 지요다구 간다 곤야초 13 산토빌딩 7F
  Tel. 81)03-5296-8131 (대표)
  https://www.dmc-kk.com/rowan/

· 나이토쇼지 주식회사
  일본 도쿄도 가쓰시카구 다테이시 8초메 43-13
  Tel. 81)03-5671-7110
  http://www.naitoshoji.co.jp

· 요코타 주식회사(다루마)
  일본 오사카시 주오구 미나미큐호지 2-5-14
  Tel. 81)06-6251-2183
  http://www.daruma-ito.co.jp

· Keito(제이미슨스)
  http://keito-shop.com/

촬영 협력
· GLOBE SPECS 에이전트 (P.6~15의 안경)
  Tel. 81)03-5459-8326
· 마루노우치 브릭 스퀘어 미쓰비시지쇼

매일매일 조금씩 뜨는
아무히비 니트 북

초판 1쇄 발행 2024년 3월 30일
초판 2쇄 발행 2024년 10월 20일

지은이   우메모토 미키코
옮긴이   김한나
감수   김수산나

펴낸이   최정이
펴낸곳   지금이책
등록   제2015-000174호
주소   경기도 고양시 일산서구 킨텍스로 410
전화   070-8229-3755
팩스   0303-3130-3753
이메일   now_book@naver.com
블로그   blog.naver.com/now_book
인스타그램 nowbooks_pub

ISBN   979-11-88554-79-9 (13590)

* 이 책은 저작권법에 따라 보호를 받는 저작물이므로 무단전재와 무단복제를 금지하며,
  이 책 내용의 전부 또는 일부를 이용하려면 반드시 저작권자와 지금이책의 서면 동의를 받아야 합니다.
* 잘못되거나 파손된 책은 구입하신 서점에서 교환해드립니다.
* 책값은 뒤표지에 있습니다.